会计思维
在职场中掌控全局

［日］安本隆晴◎著
韩诺◎译

ビジネスの世界で生き残るための
現場の会計思考

中国科学技术出版社
·北 京·

BUSINESS NO SEKAI DE IKINOKORUTAME NO GENBA NO KAIKEISHIKO by
Takaharu Yasumoto
Copyright © Takaharu Yasumoto 2019
All rights reserved.
Original Japanese edition published by CROSSMEDIA PUBLISHING Inc.
Simplified Chinese translation copyright © 2024 by China Science and Technology Press Co., Ltd.
This Simplified Chinese edition published by arrangement with CROSSMEDIA PUBLISHING Inc., Tokyo, through HonnoKizuna, Inc., Tokyo, and Shanghai To-Asia Culture Co., Ltd.

北京市版权局著作权合同登记　图字：01-2024-0576

图书在版编目（CIP）数据

会计思维：在职场中掌控全局 /（日）安本隆晴著；韩诺译 . -- 北京：中国科学技术出版社，2024.9.
ISBN 978-7-5236-0866-1
Ⅰ . F230
中国国家版本馆 CIP 数据核字第 2024JD6206 号

策划编辑	杜凡如　李　卫	执行编辑	伏　玥
责任编辑	高雪静	版式设计	蚂蚁设计
封面设计	仙境设计	责任印制	李晓霖
责任校对	吕传新		

出　　版	中国科学技术出版社
发　　行	中国科学技术出版社有限公司
地　　址	北京市海淀区中关村南大街 16 号
邮　　编	100081
发行电话	010-62173865
传　　真	010-62173081
网　　址	http://www.cspbooks.com.cn

开　　本	880mm×1230mm　1/32
字　　数	134 千字
印　　张	6.25
版　　次	2024 年 9 月第 1 版
印　　次	2024 年 9 月第 1 次印刷
印　　刷	大厂回族自治县彩虹印刷有限公司
书　　号	ISBN 978-7-5236-0866-1/F・1291
定　　价	59.00 元

（凡购买本社图书，如有缺页、倒页、脱页者，本社销售中心负责调换）

前 言
会计思维改变商业实践

会计思维在工作中肯定用得到

我写这本书，就是想告诉所有商业人士这一点。

本书中写的都是我过去做经营咨询时给大家讲过的内容。令人欣慰的是，也打造出了很多成功案例。

我亲身感受到，掌握会计思维并将其应用在工作中，无论是对于从经营危机中东山再起的老板，还是对于受到上司好评的一线员工，都因此取得了丰硕的成果。

用会计PDCA推进工作

带领他们走向成功的"会计思维"是指什么呢？

我将会在本书中对其做详细的介绍，不过简单来说，就是**经常思考为了获利，可以做什么，怎么做，并且付诸行动**。

为了获利，现在要做什么，要做到什么程度。用会计数字去计划（Plan）、执行（Do）、检查（Check）、再执行（Act）……**尝试用会计思维来运行这个PDCA循环**，就是本书的目的。我将它命名为**会计PDCA**。

会计思维一点都不难。

但是，在商业实践中，很多商业人士不懂得如何运用会

I

计思维，都是用非会计思维的方式来交流，实在是非常可惜。

许多老板和员工在先前的工作中都不太在意数字，也不能很好地理解决算报表。

很多员工**只在意销售额，却缺乏对利润的理解**，过度压低折扣造成损失的案例也不在少数。

此外，还有很多管理者和领导，即便销售额未达成目标，也不会及时利用数字来分析原因。更有甚者，竟然混淆了会计上的"预算"和可用金额的上限。

由于很多人都缺少基本的会计知识和会计思维，本书首先想要帮助大家掌握这些内容。

对公司的不满越来越少

其实，如果平时**缺少会计思维**，对公司的不满就会有增加的倾向。工资少，配额紧张，经费无法使用，只有老板花起钱来大手大脚……这样下去的结果就是常听到员工说对工作提不起干劲。

但是，**如果学会了会计思维，这些问题就迎刃而解了。**

我想首先就从这里开始说起。

本书的定位是会计和会计思维的入门篇。比起系统讲解会计的理论类书籍，本书更接近入门书和实务型书籍。

我首先会在书中通过上司和下属的问答，再现由会计思维和会计知识不足引发的问题和疑惑，然后再来逐一解答这些问题。希望至少能让大家对会计思维产生一点点兴趣，这就是我写这本书的初衷。

　　这本书不需要从头到尾一口气通读下来。首先看一看问答，如果觉得有意思，再去看正文，这样就足够了。

　　希望在这些年轻员工与上司、老板的问答中，有些能让你产生共鸣，觉得"是的，没错"，而我的解说你也能理解，恍然大悟"原来是这样……"。

　　如果在愉快的阅读过程中，你还能想象出自己将怎样利用会计思维，那就再好不过了。

　　最后，你若因此在工作中取得了成果，那对我这个作者来说就是意外惊喜了。

　　好了，先来放轻松，看看商业人士和老师的问答吧。

　　让我们一起开始使用会计思维！

目 录 CONTENTS

第一章
只有会计思维才是解决问题的最强方法

第一节　你是否在用会计思维工作　**003**
第二节　"会计"到底是什么　**009**
第三节　学懂会计能让我们知道些什么　**015**
第四节　了解会计思维，对工资的认识就会 180 度大转弯　**020**
第五节　用好会计思维，生产力一定会提高　**025**
第六节　拥有会计思维的人说话更有说服力　**032**
第七节　为什么没人教我会计思维　**037**

第二章
利用会计思维提高"营业额"和"利润"

第一节　"营业额"和"利润"哪个更重要　**043**
第二节　五种利润，哪个更重要　**051**

第三节 明明卖了很多，为什么利润那么少 060
第四节 为什么指标设定的是营业额而不是利润 066
第五节 如果对方说等一等再付款，应该等到什么时候 074
第六节 为何实际工作中，员工要有估测预算的能力 078
第七节 公司如何利用赚来的收益 084
第八节 "良性赤字"和"恶性赤字"的区别 090

第三章
懂会计思维才能更懂成本

第一节 营业额不可控，但成本可以 103
第二节 哪些可以视为费用 108
第三节 "费用"和"不征税收入"的区别 112
第四节 公司的电脑算是费用还是折旧 118
第五节 为何老板可以花公司的费用坐奔驰 123
第六节 如果想请客户降低成本 129
第七节 谁来决定金额的表示方法 133

第四章
用会计思维读财务报表

第一节 阅读决算报表的基本方法 139

第二节　哪个经营指标最重要　**149**

第三节　哪些情况适合借钱，哪些不适合　**153**

第四节　现金流与盈利破产的关系　**158**

第五节　"因为忙所以增加人手"是否正确　**164**

第六节　个人也需要"决算报表"　**170**

第七节　及早进行月度结算的意义　**176**

第八节　创新离不开会计思维　**180**

后　记
抛弃非会计思维，走向会计思维

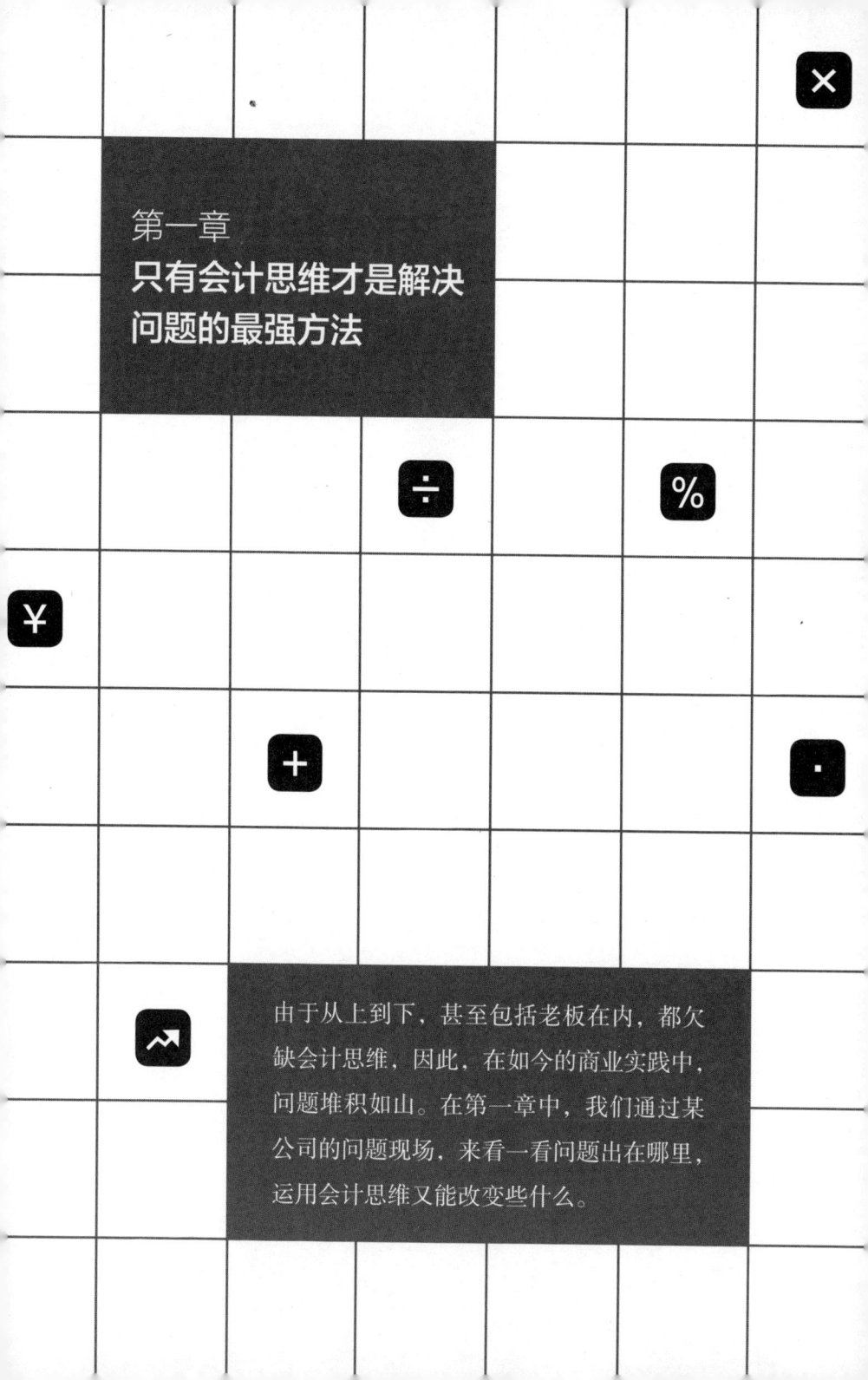

第一章
只有会计思维才是解决问题的最强方法

由于从上到下,甚至包括老板在内,都欠缺会计思维,因此,在如今的商业实践中,问题堆积如山。在第一章中,我们通过某公司的问题现场,来看一看问题出在哪里,运用会计思维又能改变些什么。

第一节
你是否在用会计思维工作

在某家中型制造企业的会议室里,因为最近销量不景气,无论是在公司里还是在部门内部,士气都很低落,营业课长①为此挨了老板一顿批评,正在那里挠着头发愁。课长的正对面坐着新来的公司顾问安本先生,他是一名有着注册会计师资格的经营咨询师。"或许可以跟这位会计师老师聊一聊公司里士气低落的问题?"课长这么想着,挑起了话头。

课长:最近,公司的年轻员工都无精打采的。
老师:公司业绩怎么样?
课长:自然也很差,一路下滑。
老师:你采取过什么措施吗?
课长:**我以为是员工的危机感不足,所以我每月给所有员工看一次月度报表**,想通过这种方式让他们认识到预计营业额的完成比。
老师:然后呢?有效果吗?
课长:没有。就算磨破嘴皮子告诉他们业绩在下滑、营

---

① 日本企业中的基层领导,类似于中国企业中的部门主管。——编者注

业额在下降，员工们还是一副事不关己高高挂起的样子，一点没有危机感。

老师：原来如此……话说，你跟员工讲过月度报表该怎么看吗？有教过他们那些数字都是什么意思吗？

课长：这些还用教？这按说应该都懂的吧！

老师：不不不。那我请问，你是从什么时候开始学习会计知识的呢？

课长：嗯……是在晋升之后自己成了需要管理预算的一方，才慌忙开始学的。

老师：**公司只教过新人商务礼仪和基本的工作流程，却没教过会计知识**。经营管理层的想法之所以无法落实到员工那里，可能就是因为员工们缺乏会计思维。

建议：从会计的角度运行 PDCA

营业课长说"年轻员工都无精打采"，但我感觉其实不仅限于年轻员工。谁又能每天打满鸡血、干劲十足呢？

人嘛，无论是谁，状态都有高低起伏。

就连我自己也时常有"总也提不起干劲儿"的苦恼，尤其身体状态不好的时候更是如此。但身体好的时候背后的发条也会松，这时候就希望能有个人来给紧一紧。

人本身就是有惰性的动物。工作中也会走神，会时不时放空一下或是摸个鱼。

所以，**公司要建立一种机制，保证生产力不因此而降低**。

说着容易，但这种机制也不是一朝一夕就能建起来的。那该怎么办呢？

这里就需要引入"会计思维"。

"只见树木，不见森林"是提不起干劲的

我目前为止见过许多公司，员工积极性低的公司都有一个共同点。

那就是**"缺乏会计思维"**。

这种公司的员工大多对财务报表比较陌生，不太能理解上面的内容。

对他们而言，所谓数字，就是上级要求的销售任务，不需要知道公司整体的利润、营业额、成本之类。

也就是说，他们处在一种"只见树木，不见森林"的状态里，所以没有大局观，在商业方面做出一些错误的判断和行动。

不少人因为很难了解自己的工作对公司有多少贡献，而找不到工作的意义。

很多中小型企业的经营者都以为会计数据只要交给公司的会计部门就可以了，从老板到经营骨干，都对财务数字不甚了解。所以，才会有许多员工处于上面那种状态。我希望经营管理层能改变这种态度，首先从跟员工共享公司的财务数据开始。

你运用会计 PDCA 了吗

要提高工作积极性，在 PDCA 循环中融入会计思维也十分重要（见图 1-1）。

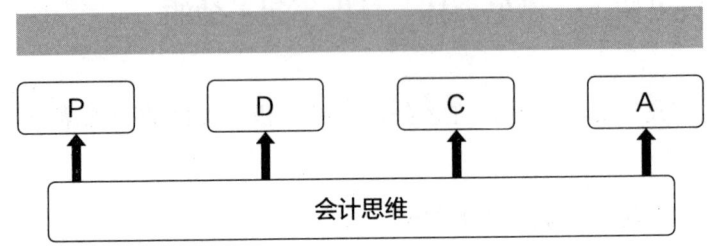

图 1-1　会计 PDCA

商界原本就有句老话，叫作"无论什么工作都要好好运行 PDCA 循环"。

制订计划（Plan）并实施（Do），然后检查（Check）计划执行（Act）的结果，改善后再次实施。所有的工作都是这个过程的不断循环。这些看上去都是理所当然的，但无论缺了哪一环，工作都无法切实地快速推进下去。

只要在这个 PDCA 循环的每一步中都充分运用会计思维，那么成果得到提升的概率就会大大增加，即使失败也不会出现什么特别大的损失。

我将这个循环称为"**会计 PDCA**"，并把它推荐给各位。具体要怎么做呢？在这里简单说明一下。

例如，首先是"P"，也就是制订计划时，要用会计思维去讨论这个计划是否确实可以盈利，工作结束时资金是不是能有剩余（增长）。

然后是"D"，也就是在执行计划时，要管理执行进度，看看是不是按计划盈利了，资金有没有增长。

在"C"——即检查这个环节，"D"也要几乎同时实施，如果执行结果与计划有出入，就要马上判断是否需要重新制订计划，然后再次实施"A"。

这样去运行 PDCA 循环时，**因为导入了会计思维，工作的目的性会更强，为了能得到一个好的结果，工作积极性自然也就提高了。**

如果要认真给"会计思维"下一个定义，那就是指为了赢得企业间的竞争而创造利益，为了使资金有剩余而使用会计数字进行思考的一种方法。

简而言之，就是**用数字去思考如何能盈利的方法。**

具体来讲，一个业务盈利的构造被称为"利润结构"，也就是"营业收入 – 营业成本 – 销售费用和管理费用 = 营业利润"；其现金收支的结构被称为"现金流量结构"，即"现金流入 – 现金流出 = 现金流量净额"。我们要先理解这两点，然后同时思考怎样能增加利润和现金并付诸行动（见图 1-2）。

掌握会计思维作为自己的武器

这个"会计思维"应该应用到所有业务管理领域和每一个 PDCA 系统中。

或者不如说是只要运用了会计思维，工作就能进展顺利。

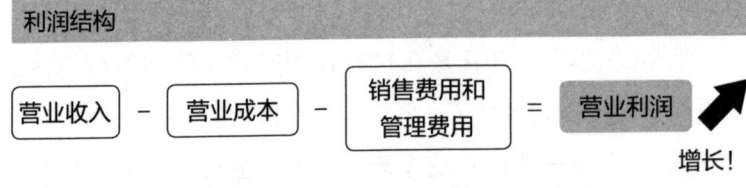

图1-2 理想的利润结构与现金流量结构

相反,我认为如果业务管理中不加入会计思维,那就很难做好,有的地方就会出问题。

从一开始,我就一直在写一些好像很难理解的内容,但其实现在不能马上理解也没关系。等大家在阅读本书的过程中慢慢熟悉了会计思维的思维方式,再重新回来读这一段内容就可以了。

本书后面还会涉及会计思维的实用案例,那部分也可以等加深理解后再阅读。

会计思维与AI知识能力、英语口语能力和设计能力等能力一样,是商业中的重要武器。请务必将"会计思维"也存入自己的武器库中。

第二节
"会计"到底是什么

课长已经大概理解了会计思维在工作中的重要性，正当他想要赶紧学起来的时候，老师突然道："且慢！首先我想知道关于会计，你理解多少。"又是为什么呢？

课长：我感觉员工差不多也都理解了会计思维的必要性，但我该从哪里教起呢？

老师：首先，课长你觉得会计是什么呢？

课长：嗯……**对公司来说，就是类似于记账本这样的东西**吧。

老师：那家里为什么要有记账本呢？

课长：因为要管理家庭整体进账的钱和花出去的钱，注意保持支出不超过收入。

老师：那为什么花的钱比赚的钱多就会出问题呢？

课长：当然啦！如果是用掉的钱更多，那存款就会越来越少，存款花没了就要去借钱了。反之，如果进账的钱更多，那多出来的钱就可以存起来，用到别的地方。

老师：说的没错。家里的账本是为了管理这些内容所必需的，在这个意义上说，公司的会计也是一样的。

建议：资本主义的发展正是得益于会计

就像课长回答的那样，家庭账本是为了记录和管理家庭的现金收入和支出的账目，最多是给自己的资料。

而**公司会计**（又被称为"企业会计"）**的工作是为了向股东、利益相关者——也就是"别人"说明公司的业绩而制作的管理财务报表**。因此，目的有些不一样。但是，它们都是通过记录钱来反映个人的行动和企业经营活动，继而达到某种目的。在这个意义上说，它们是一样的。

那么，首先让我们深入讨论一下家庭记账本到底是干什么用的吧。

正如课长所说，设立这个零钱账一样的账本是为了"管理家庭整体进账的钱和花出去的钱，注意保持支出不要超过收入"。

工薪家庭的记账本上，收入一栏只有"工资"和"其他"两项，但支出一栏里却有"房租""伙食费""服装费""水电费""通信费""汽车费用""交际应酬费""医疗费""教育费""保险费"等众多项目。如果借了贷款，"贷款还款"也要算到支出里。

从今年1月1日到12月末一整年的收入，减去支出后的差额，加上去年12月末的现金和存款余额（期初余额），就是今年12月末的现金和存款余额（期末余额）。

收支差额如果是负的，说明期末余额比期初余额少，那么必须要决定明年是增加收入来源，还是要减少支出。

如果几个月后的余额肯定会成为负的，或者有买房或者买车这种支出计划时，借款的时候还要制订好还款计划。

像这样使用家庭记账本讨论现金收支的内容，放在企业会计中，就是制作利润表。

这两者之间较大的差别是家庭记账本是基于现金收入的事实记录的（即**现金主义**），而企业会计则是不仅限于现金的，它是以就算没有现金也会"发生交易"这种方式去记录的。

"赊账卖给顾客商品"这种交易，会记录为产生营业额和应收账款的交易。这种方式叫作**发生主义**。

如果在中学时学习资产负债表

家庭记账本以现金收支的管理和分析为主，但如果能像企业会计一样制作资产负债表来分析期末时的财产状况，那对于个人资产的管理也非常有用。

作为 12 月末时所持有的财产——也就"资产"的具体内容，可以列出现金、银行存款、有价证券（股份/债券等）、养老金余额、保险储备金、房产地产、汽车、押金和保证金等。房产、地产最好按市价折算，汽车按二手市场价格折算。

另外，12 月末背负的"负债"则可以列举出银行借的贷款余额（短期的信用卡贷款/长期的住宅贷款）、未付租金等。

把这些列出来，我们可以看到，从资产中减去负债就是净资产，在企业会计中将这部分称为"所有者权益"（见表1-1）。

表1-1　资产负债表（12月31日）

资产	负债
	所有者权益

净资产如果年年增长还好，但如果减少了或者接近0的话则会感到担心吧。

个人的资产负债表不仅有助于资产的管理，而且，如果净资产每年减少的话，还起到一个克制自己"以后不要过度花费"的作用。

通过一起分析家庭记账本（现金收支）和资产负债表，可以实现一个收支有度的生活计划。建议大家一定试一试。

这个家庭记账本和资产负债表如果在初中、高中就学习怎么制作，我想破产的人会大大减少吧。真希望日本文部科学省的官员也能知道这些。

会计就是要易懂、省时

这里要回归正题，公司的"会计"（企业会计）到底是什么呢？让我们一起来思考一下。

当我们去居酒屋和餐厅吃饭，饭后会说"结账"，对吧？也就是说，一般来讲，结账的意思是统计一共消费了多少钱，然后付账——或者说是对钱的结算。

但是，会计、财务、会计学这些词如果去英文词典里查，都是"accounting"这个词。

accounting 是从 account 派生出来的词。account 被译为"结算""账户""报表"等，原意是"解释、说明"的意思。

总之，不光是统计结算，还有着"向他人解释"这么一层更宽泛的含义。

既然要向他人解释，那就要"易懂、正确、省时"。

它的历史要追溯到西方的古代国家征税时，征税官要向国王报告征收过程和结果。到了中世纪的欧洲，会计进一步发展，当出海的船只载着货物平安归来时，要把投资者聚到一起，正确计算每个人该分得的份额，并向投资者们解释清楚。

最近，出现了会计（accounting）和责任（responsibility）的合成词 accountability——它说明责任变得很常见，意思是"经营者对利害关系人负有解释说明的责任"。

向股东证明公司有多努力的工具

从历史的演变上讲，会计账本的写法叫作"记账法"。从公元前所谓的古代记账法，到现在全世界通用的"复式记账法"，随着商业交易的发展和复杂化，记账法也在逐渐进化。

我认为，资本主义发展起来的背后，正是因为有"复式记账法"这一能明确记录公司账目，也就是业务活动的轨迹的重大发明。

具体来说，基于发生主义原则，按"复式记账法"的方法，对每天行动的结果进行"分类"，记录在账本上，月末制作报表。

现在，只要在会计软件中输入分类，即可以自动生成多个账簿和报表。期末决算再将这些报表拆分为**负债表**和**损益表**。

负债表是为了了解期末时的资产状况，损益表是为了了解这一年里的业绩情况，也就是卖了多少钱，又为此花费了多少成本和经费。

说得再具体点，就是**要把这个决算报表公示给股东等利益关系人，说明自己有多努力，留下了多少成果。**

由于使用了数字，既可以跟本公司去年的成绩做比较，也可以与同行业的其他公司比较，还可以分析经营状况哪里好，哪里不好。

会计思维对于所有经营者和商业人士来说，都是回顾自己的行动结果、改善不足、发挥优势的最佳工具。

第三节
学懂会计能让我们知道些什么

虽然了解了会计的重要性，但好像即便不懂这些知识，平时也那么过来了。学会了固然很好，但感觉也不是说学会了就会发生什么巨变。可能老师也感受到了我的这种心情，他开始讲起最核心的话题——学懂会计能让我们知道些什么。

课长：这次我带来了一位年轻人。你能跟他聊一聊吗？

年轻人：我当年是应届生入职，如今已经是工作的第三年了。课长跟我说"**要再多掌握些会计思维**"，我就来了……

老师：原来如此。但是突然给你讲你也有些摸不到头脑吧？

年轻人：是这样的。我就是个普通员工，能做好当下的工作就已经用尽所有能力了。

老师：但你也不想总是个普通员工吧？

年轻人：那是当然。我在某种程度上也是有考虑晋升的。

课长：公司也希望能多一些像你这样的人才，有志向晋升，主动磨炼自己，公司可以把重要的工作交给你。

老师：但是，努力晋升，担负责任，这些都意味着公司会把管理钱的工作交给你。**不早点学习会计思维，就会渐渐被同期赶超哟。**

建议：所有的决策都需要"会计"

一般从学校毕业进入社会后，除了自己创业和继承家族产业的人，大多数人都是去公司就职，做公司交给的工作，拿一份薪水过日子。

因为入职时还是个什么都不懂的小白，所以只能按上司的指示拼尽全力做好眼下的事。

虽然完全不理解自己的工作有什么作用，但在这个过程中，渐渐理解了有哪些供应商和订货厂家，公司里哪些部门与总公司的工厂有关可以生产产品，可以经由哪家批发商和商场卖给哪家零售店，也就是了解了所谓的整个供应链。同时，也了解了竞争对手。

我们再试想一下自己创业会是什么样。

就算你没有自己创业的打算，也可以想象一下。为了说服客户，了解经营者的心情会更有利。

如果你开一家拉面馆

举个例子，你要开一家拉面馆。你会选在哪条街、哪座楼、第几层开店？店面多少平方米？店面租金大概多少？打算购置什么样的厨房设备？可以容纳多少客人？做什么味道的拉面？按什么价格供应？从哪里进什么货？要雇几个人？时薪多少？要考虑的事情数不胜数。

而且，**几乎所有必须决定的事都是跟数字有关的事**。

再者，这个事业能否成功继续下去，与核算能不能通过，也就是能不能有收益有关。这也是要以数字为基础来做判断的。

假设一碗面平均 880 日元[①]，成本率控制在 30% 以内，每月开工 22 天，一天卖 70 碗，那么一个月的营业额就是 135.52 万日元，营业成本为 40.656 万日元，毛利为 94.864 万日元。

从中减去 40 万日元的房租和 45 万日元的人工费，还要支付厨房设备的租金 5 万日元，剩余（营业利润）4.864 万日元，将近 5 万日元。

如果电子支付的手续费和广告网页的广告费增加，或是招聘费用过多的话，利润可能就会为负，出现赤字。这样的话，经营者自己也没法生活了。

要么削减一些支出，要么必须想办法一天卖出 70 碗拉面以上。可能还要尽量不花钱，通过口碑和 SNS（社交媒体）进行广告宣传。

如果 1 天能卖 100 碗拉面，那么一个月的营业利润就能增长到 45 万日元。可能后厨和接待的打工人员也要增加，但这样一来大概就找到业务的目标了，似乎可以维持下去。

这样一来，**所有的决策都与数字有关**。现在你明白了吧，如果不擅长分析数字是无法经营的。

[①] 1 日元约等于 0.05 元人民币。——编者注

不擅长分析数字就没有对策

也有不擅长分析数字但是事业也做得顺风顺水的经营者，但是这种人可能反而很辛苦。

经营事业一定会有波动，一定会有不见起色的时候。那时候，不擅长分析数字的人因为平时不会记录事业顺利时的数字，所以也不会分析事业为什么顺利，也就没办法马上想出应对之策。

数字骗得了别人骗不了自己。

正如在前面部分讲过的，说服他人的时候，数字会帮上忙。在分析自己公司的经营业绩时，数字也可以作为参考。比如向员工宣布"我们的目标是5年后成为营业额100亿日元的企业"，这无疑对目标的进度管理也是有帮助的。

无论什么业务，无论是企业老板还是员工，希望所有与商业有关的人都能加强自己对数字的敏感度。

因此，这本书请反复多读几次。在这个过程中你可以逐渐掌握会计思维，自然地用数字去理解、分析事物，并作为采取行动时的参考。

学会了会计思维，你将找一条你该走的路。它比开头的对话中谈到的"晋升"云云更加重要。

当然，晋升不是全部，人生可以有各种各样的选项，但如果能晋升，那么你在公司内的等级会提高，工资会上涨，还可以做更高质量的工作。

而且，晋升之后，你交往的圈子会发生变化，人生的前景也会越来越好。总有一天你会体会到站在高处看到的风景会更好。

会计知识可以救你于水火

据说人为了生存有四大欲望。

大家首先想到的可能是"食欲"、"性欲"和"睡眠欲",其实后面还有一个是**"求知欲"**。

人为了生存下去要学习。大家至今为止都是抱着各种各样的求知欲生活的。那么请你在今后求知的对象里一定加上会计思维。

人生中会经历许多困难。

正如中国汉代的贾谊所作的《鹏鸟赋》中有言:"夫祸之与福兮,何异纠缠。"苦难和幸福是表里一体、相继发生的。

会计思维将成为你人生道路上的智慧或者工具。掌握会计思维,即使连连遇挫,你也可以找到脱离困境的方法,相信幸福一定会来,并为之努力。

第四节
了解会计思维，对工资的认识就会 180 度大转弯

自己这么努力，工资却涨上不去，奖金也很少……很多人都有这样的不满。应该有人也会突然改变态度，心想反正给的也不多，不如就只干工资分内那点工作。但如果从会计的角度分析工资，会发现一个惊人的事实。这一节就来说说可能已经是火烧眉毛的工资问题。

课长：你之所以在考虑晋升，是不是对工资不太满意？

年轻人：说实话，是这样的。因为考虑到将来的话，肯定是需要钱的。

课长：你的心情我理解，但是如果不把营业额提上去，对业绩做出更多贡献的话，恐怕很难实现。

年轻人：但是我每个月的营业额足足有工资的两倍呀。

老师：我知道你想说什么。**但从会计思维的角度，销售额达不到工资 4 倍以上都不能说是对公司有贡献。**

年轻人：啊？销售额要达到 4 倍吗？！

老师：如果没有会计式的思维，就会产生工资低、加班多之类的不满，工作积极性也随之下降。这次，从会计思维的

视角来思考一下工资的问题吧。

 建议：要知道，你觉得工资低，但其实已经很高了

说到工资，人们一般想到的是拿到手的钱。

工资的总额扣除所得税、地方税、健康保险、介护保险①、养老保险、失业保险，再去掉互助会等旅行公积金，最后拿到手的金额大约是工资总额的70%左右。

还有一些项目，比如生命保险、养老金、员工持股储备金等，虽然是自费的，如果这些也从工资里去掉，到手还有多少钱呢？所剩无几了吧。

如果按这个标准来算，有些人可能赚的钱是营业额的四五倍，但在支付工资的公司一方看来，或者在老板看来，情况就完全不一样了。

当然，公司付给每个员工的工资都是以总额为基础计算的。

在付薪水的一方看来，"无论公司业绩好坏，无论员工在休年假还是在培训，就算午休也算在劳动时间里，公司都必须要付给他们工资"。

只要雇了一个员工，为了让这个人的生活有保障，就必须承担各种经费。希望大家稍微站在董事长的角度想一想。这恐怕是全国董事长的心声了。

---

① 日本的一种保险制度，根据使用者的选择，综合地提供必要的服务，目的是当人们随着年龄增长出现疾病等需要护理时，也能使其保持尊严，尽其所能自理日常生活。——编者注

年收入600万日元的人，人工费翻倍

假设有一位36岁的员工，每个月工资40万日元，每年奖金是4个月的工资。那么他的年收入就是640万日元，平均月收入约53.3万日元。

健康保险、养老保险、劳动保险等公司负担部分，加班费、交通补助、租房补贴等各类福利补贴，共计占月收入的五成（26.65万日元）。这个人在公司的办公空间大约3平方米，租金（包括水电费、管理费）按每平方米2万日元，共计6万日元。这个人用的电脑等电子设备的使用费、通信费按1.5万日元算。加上工资，总计87.45万日元。这些换算成年收入的话共计1049.4万日元，超过1000万日元。这就是公司聘用一个员工直接花费的人工费。

但人工费其实还包含其他费用。

最近因劳动力不足持续高涨的招聘费用，为提高企业价值而花的教育培训费，与员工活动范围成正比的差旅费，其他办公用品、固定资产等管理费，还有办公消耗品费、广告费、财产保险等，有各种各样的支出。

当然，经营者和管理部门的人工费、活动经费、贷款利息等，员工是也要分摊的（尽管不想分摊……），这些都算作间接的人工费，平均每人200万日元，算上这些就是1249.4万日元，将近1250万日元。这些是年收入640万日元的两倍。

想不到，老板眼里的人工费竟然是自己年收入的两倍。

雇那么多人，是要花很多钱的。

第一章
只有会计思维才是解决问题的最强方法

你每个月的营业额是否有 347 万日元

接下来的问题是，这近 1250 万日元人工费到底是靠什么钱在支付。为了负担这部分钱，公司必须要提高营业收入，减少相应的营业成本，也就是**提高营业总利润**。

营业总利润在实务中叫作**毛利**，所以我们在这里也称之为毛利。

假设这个人所在公司的平均毛利率（毛利占营业额的比率）为 30%，那么为了获得 1250 万日元的利润，需要的营业额为 1250 万日元除以 0.3 即约 4170 万日元。换算成每月营业额就是 347.5 万日元。也就是说，刚才那位员工月收入 53.3 万日元的 6.5 倍还多。在这个公司要"**赚到你工资的 6.5 倍以上**"！

这么整理下来，年收入 640 万日元（月收入 53.3 万日元）的员工，在老板的角度看来，需要花费近两倍的人工费 1250 万日元，**所以他如果不能赚到自己工资的 6.5 倍，即 4170 万日元的年营业额，他就不值 640 万日元**。

"应该赚自己工资的几倍"这个问题，不同行业、不同规模的公司相差很大。但就像在这个例子里我们计算的，可以说在大部分公司，如果营业额达不到自己工资的 4 倍以上，就相当于对公司没有贡献。

这个营业额是工资几倍的比例，这里我们命名为"**营业额工资比**"。高于公司整体的营业额工资比的人，涨薪的可能性就大；相反，低于整体比例的人如果不努力，可能就会被减薪。

更加努力提高工作质量的同时，大家还要挑战附加价值高的工作，提升自己的营业额工资比，不然你的工资不仅会比较低，还会被公司认为给得过高了。

来年的目标更容易制定

如果你的工作是销售，马上就能算出自己赚了多少钱，跟上我们前面讲的内容，应该很好理解。然而那些工作与销售额没有直接联系的人，比如财务和总务、人事的负责人，该怎么办呢？

如果是职能类部门，营业额工资比只能通过公司总营业额除以员工总人工费来计算。

即使算不出个人的营业额工资比，也可以基于业务部门创造的公司整体营业额和人工费计算出营业额工资比，以之为判断标准。

职能部门该如何竭尽全力提高公司的平均营业额工资比，这就是判断的基准。

举个例子，分析了本年度的财务状况后，发现全公司的平均营业额工资比为 3.5 倍，那么明年的目标就可以定为"实现涨薪 3% 的同时，将营业额工资比提高到 3.6 倍（3.5×1.03）"。这样一来目标就会更容易制定。

第五节
用好会计思维，生产力一定会提高

加班时上司总会说早点回去，但是工作量不减，怎么可能早回去……你可能会说"那就提高生产力啊"，但会议多，公司内部手续繁杂费时，似乎并没有改善的余地。到底该怎么办呢？

年轻人：提高营业额很重要，但上司说"生产力也要提高"。老师，怎么才能提高生产力，你可以教教我吗？

老师：**生产力也分很多种，这种情况一般指的是劳动生产力。简单说就是要以更少的投入实现更多的产出。**

年轻人：减少投入是指什么，可以举个例子吗？

老师：比方说，为了去外面谈生意，往返**交通要花两个小时**，洽谈要两个小时。能不能改成视频会议，会议时间缩短到一个半小时呢？这样一来投入就减少了一半多，生产力就提高了一倍多呀。

年轻人：嗯……道理我都懂，但是不去当面谈的话总觉得不够礼貌。

老师：但你路上要花交通费，在路上的时间也计入工资里，这部分就必须要通过更多的营业额来弥补。

年轻人：假设我的时薪为 2000 日元，4 个小时就是 8000 日元。一次会议出席人数为 5 个人，那么谈一个客户就要花掉大约 4 万日元。

课长：比起创造 4 万日元的营业额，导入视频会议系统缩短时间好像更容易一些。现在马上就考虑全公司导入这个系统吧。

老师：**这样换算成成本一看，你们就知道仅是缩短时间就能提高多少生产力了吧。**

 建议：换算成数字，就能找到多余的工作

各位读者，大家小学时应该在数学课中学过距离、时间和速度的关系。

单位时间内前进的距离就是速度。计算公式为：

> 距离 = 时间 × 速度

也就是以时速 60 千米的速度行驶的汽车一小时行进的距离为 60 千米。

这个"速度"与我们讲的"生产力"有很大关系，在商务中"速度"跟"生产力"经常是同样的意思。

写成公式就是：

> 工作量 = 时间 × 生产力

这时，生产力一般也称为"劳动生产力"，以"工作量"除以花费的时间计算出来的。

劳动生产力就是"每小时的工作量"，如在物流行业，就是"每小时的捡包数"或者"每小时的出货数"。

更少投入，更多产出

接下来，稍稍调整一下视角，让我们来俯瞰整个公司的活动。

用最简单的话说，公司就是通过外部投入资源，然后在公司内部赋予附加价值，产出产品、商品或服务，再投放到市场上。

✅ 投入→在公司内赋予附加价值→产出

将它变成公式就是：

✅ 产出 − 投入 = 附加价值

附加价值创造了利润，通过持续投资，公司就可以不断发展和壮大。这时，为了以尽量少的投入获得更多产出，就要让员工有组织、有标准地改善他们的工作，减少时间和资源上的浪费。

这时，"生产力"这个概念就派上用场了。

生产相同数量的附加价值，生产得越快，效率越高，花费的时间小于最初的生产阶段，就可以在短时间内生产出更多的产品，或是生产其他产品。**我们将没有花费多余的时间、高效率的生产状态称为"生产力高"。**

时间有限，一转眼就过去了，只要能在更短时间内有效率地工作就可以了。大家在工作时常常这样想吧？

如果工作时间比原来短，还能有价值感和成就感，员工满意度（Employee Satisfaction=ES）上升，客户满意度（Customer Satisfaction=CS）也提高了，那就没什么好说的。

但是，真实情况是由于劳动人口的减少，企业严重人手不足，结果就是"招聘成本加大""稳定性变差"，特别是劳动密集型的零售业、流通业、服务业和餐饮业等行业，面临着严重的困境。

只在业务的部分流程中导入人工智能（AI）和机器人，生产力的确可以提高，但无法提高对客户的服务质量，所以CS降低，最终销量也会下降，落个血本无归的下场。

ES和CS是车子的两个轮子，二者都不可或缺。必须找到一个两全其美的提高生产力的方法。

开会竟让我们浪费了这么多时间

在这部分，我们所说的提高生产力的方法就是指将与公司外部相关人士的会谈改为线上会议，同时将会议时间从2小时缩短到1小时30分。

以前的会议时间中如果有多余的部分,比如**报告的时间占 30 分钟,那就砍掉**,将时间集中用来讨论得出结论。会议如果不能在一个半小时内得出结论,那大致就可以认为是会议主办方的能力不足,或者是准备不充分。

> ✅ 以前的会议时间:
> 往返时间 2 小时 + 会议 2 小时 =4 小时
> 以后的会议时间:
> 往返 0 小时 + 会议 1.5 小时 =1.5 小时

我们假定会议得出的结果效果是相同的,那么从 4 小时缩短到 1.5 小时,4 除以 1.5,"生产力是原先的 2.7 倍"。

这个改善对 CS 是否有帮助,取决于会议的成果和其他部门或者对现场的影响程度。但是会议时间的缩短至少对于 ES 是有好处的。

还有一个重要的点,那就是要**试算会议本身的成本**。

像我们在前面学到的,"公司眼中的人工成本是自己年收入的 2 倍",故假设年轻员工的时薪为 2000 日元,那么人工成本的时薪就是 4000 日元。

除年轻员工外,参加会议的还有 4 个人,都是前辈,工资也更高,假设 1.5 倍的人有 2 个,2 倍的人有 1 个,3 倍的人有 1 个,那么 5 个人的时薪加起来就是 3.6 万日元。

落实提高生产性的对策前,在会议上花费了 4 个小时和 14.4 万日元的成本。

假设这个公司的营业额工资比是 4，那么必须要获得 14.4 万日元 ×4=57.6 万日元的营业额。改善之后，1.5 小时的会议只需要对应 21.6 万日元的营业额。

也就是说，**开会所做出的决策如果不能创造 21.6 万日元的价值，那么开会就没有价值。**

> ✓ 会议成本＜会议效果→这个会议可以继续
> 会议成本＞会议成果→改善或终止会议

请试着将公司内大大小小的会议全部盘点一遍，判断会议的有效性。如果是没有效果的会议，那就缩短会议时间或者减少参会人数，又或是采取与其他会议合并、降低频率、终止等改善方案。

只削减工作量还不够

那么，到目前为止，我们的讨论中漏掉了两个重要的观点。

第一个，**工作其实分为有可能提高生产力的和无法提高生产力的。**

前者具体来讲不只包括制造商的各项生产工序，还包括项目、会议等所有业务，以及固定的、几乎确定会重复发生的、持续性的业务，还包括容易实现业务标准化和规范化的业务。

后者是指像策划、开发、研究等难以定型化、标准化的业务。

对于不适用于提高生产力对策的业务，尝试再多次也很难实现，最好还是不要去讨论了。

尽管如此，如果你分析这些业务的具体工作内容，通常其中也会包含百分之几可控的定型业务。我认为可以考虑如何提高这部分工作的生产力，积少成多。

第二个观点是**关于最初提出的公式工作量＝时间 × 生产力中的盲点。**

这关系到最近的劳动方式改革。这个公式显示，想要在更短时间内完成相同工作量，就必须找到提高劳动生产力的劳动方式。

但是，不应该将工作量作为思考的标准，而是应该同时思考如何提高工作的质量，获得更高的售价，也就是卖出更多钱，这些应该和缩短劳动时间一样重要。

生产力的提高固然重要，但不要忘了我们要实现的是"从量到质的转换"和"提高销售单价"。

第六节
拥有会计思维的人说话更有说服力

虽说想要提高生产力，但常有些工作要等待上司做出决定才能继续推进。你可能想说这是上司的责任，但是安本老师说"不是这样的"。掌握会计思维的下属所提交的方案书往往很快就能通过，而其他人的要么无法通过，要么需要花些时间做出决策。两者的差别到底在哪里呢？

年轻人：为了提高生产力，要缩短种种业务的时间，这我理解。但是，我们公司的决策比较慢，工作很难推进。

课长：原来如此。你看上去情绪低落就是因为对这方面不满吧？

年轻人：说实话是这样的。最近进货的成本一直拿不到批准，工作完全没有进展。

课长：那份成本申请书本身没有什么问题，对吧？

年轻人：当然了。我完全按照前辈教的写的。

课长：嗯。这样的话，那就是审批流程过于花时间了。

老师：不好意思，我插句话。你**事先计算过供货商的原价率和合理的进货批次了吗？**

年轻人：没有，前辈说"因为我们每次都是从同一个地

第一章
只有会计思维才是解决问题的最强方法

方进货"。

老师：**既有的供应商可能涨价了，或者悄悄修改了品质、分量和毛利的设定。**申请书的引用资料中如果能写明"能获得这么多利润"，或许能早些审批通过。

年轻人：课长的确也问过几次，"你确认过这个价格了吗？"原来，他说的不是计算的结果对不对，而是利润呀。

老师：不知不觉间，工作变成了只是走形式，或是提出的方案缺少数字的支撑，这是每个员工都容易掉进去的陷阱。

 建议：申请要有说服力才能通过

公司内的审批花时间，这在每个公司都很常见。

公司内的决策原本就需要各部门的负责人从各自的立场给出意见，要判断每一个决策对于整个公司是否妥当，是否是最优解，是否适时、适当、合法。

而且，判断妥当时，需要用到会计思维来分析这个决策能否带来收益。

这次的对话场景中，包含两个问题，**一个是审批花时间，另一个是虽然符合审批规程，但由于只流于形式，可能会给公司造成损失。**

想让申请通过，就要用数字去证明

首先我们要讲的问题，是关于决策速度的。这里面既有申请方的问题，也有批准方的问题。

那么，申请方的问题出在哪里呢？

恐怕，**申请书的内容有问题，缺少明确的数字作为依据**。

"这份申请如果通过，预计营业额和利润将分别增加×××日元、×××日元。"如果这样写，那么负责审批的人一看，"既然你们都调查这么仔细了。好，知道了"，很快就会签字了吧。

接下来，第二点，审批方的问题又是什么呢？

现在，公司所处的大环境变化非常快，也非常大。**要应对变化，公司必须贯彻速度经营**，公司内部的汇报、联系、商议都要迅速推进。

然后，管理者必须整顿公司体制，使得事项经过汇报、申请、商议后，能尽早做出决断。

在这个前提下，如果做决策还是很慢，那么绝不是因为人们喋喋不休、反反复复地讨论，而是因为无法应对变化，**即使知道放任事态发展不能解决任何问题，但还是因为恐惧没能采取措施**。

一看到申请书上有一大排签字，申请人就气不打一处来。大家只要敲几下电脑，就把责任分散了，这是无责任体制的象征。

这就是审批方的问题所在，事实上工作确实没有进展。

为了解决这两个问题，各位读者请一定提议公司把审批规定变成下面这样：

- 申请书的附件必须有数据为证，并且要写清预估可以创造多少利润。
- 尽量减少层次，使结构扁平化，尽量把权限让渡给组织的末端。
- 让渡权限时，要同时导入内部牵制机制，简单来说就是互相检查的机制。
- 尽量减少审批人。例如，每个环节最多不超过两名审批人等。
- 绩效评估不只计入成功的案件数，也要把失败的包含进去，以"尝试的次数多少"来评估。

日常例行工作已经不再适用

在开头的对话中，年轻员工的不满也包括这一点。

也就是他自己所说的，他按照前辈教的，以"既有的金属模具制造企业"为模板，对"既有的塑料塑形制造企业"也按照以前的方式下单，每批次委托生产1000个，规定好交货期限。但向公司提交后，却一直没被批准。

读者们可能也有相同的经历吧。**同样的申请明明以前都通过了，为什么自己的申请却通不过呢？**

但是，这位负责人写申请之前，有没有好好检查以下几点呢：

- 质量是否下降了，或者是否优化了？
- 经过成本核算、价格交涉后，成本比过去降低了吗？
- 对于进货成本和生产批次，是在比较了多家的报价单

之后选择了之前的供应商吗

虽说是既有框架范围内的产品,但对于例行工作只按一直以来的方式处理,难免会墨守成规,不仅不能创造出利润,客户也会渐渐疏远,导致营业额不断下降。

应该坚持不懈地追求旨在"努力改善质量"和"创造利润"的会计思维。

在这个对话中登场的课长问到的"这个金额你确认过了吗",其实意义深刻。

请大家认真思考一下前面讲过的内容,应用在各自将来的申请中。

第七节
为什么没人教我会计思维

会计思维那么重要,但谁都没有教过我,上司也没几个人真正理解。为什么没人教我,我又该跟谁学呢?

年轻人:课长!看来会计思维在工作中的确很重要呢。

课长:说实话我以前也没太重视,这次也是受益匪浅。**如果能把这些讲明白,大家的工作积极性也会提高吧。**

年轻人:但是,我总感觉有些不可思议。会计思维在全社会的工作中这么重要,但怎么不记得有人教过我呢!

老师:在日本的学校教育课程中,中学阶段作为义务教育的一环,应该是讲过一点营业额和利润的内容,但是很少有机会教具体的会计知识。

年轻人:商科高中学校或者大学的商学部可能会学,但我们部门没有这个专业出身的……我想没人专门学过会计。

课长:我自己也以为财务和会计知识只要经营者和财务部门的人学就够了。今后我想在公司开设学习会,或者在新员工培训中加入会计的基础知识。

老师:这主意不错。**会计和商务礼仪一样,是当今社会工作中非常重要的基础知识**。只要能帮助你认识到它的重要性，我这些话就没白讲。

 建议：因为没人教，所以要自学

对于为什么没人教会计知识这个问题，有两个答案。

第一个答案是**会计知识已经渗透到我们的日常工作中，不需要谁来教了。**

会计知识中有很多专有名词，即便没有都记住，似乎也能在实务经验中理解营业额、成本和费用等概念。这些概念的计算只用到了加减法，因此并不难。

比如销售人员的工作中，销售技巧就包含非常多相当于会计基本常识的东西。

第二个答案是**大家的掌握的会计知识都不足以达到可以教别人的水平。**

在公司中设有负责财务部门的并不罕见。但除了财务部的财务人员，应该没有其他人掌握了专业财务知识。

因此，就算新人入职，谁也没法系统地教他们。这样一来就造成他们在重要的场合下欠缺会计思维，会导致失误，甚至造成损失，或者本可以赚取更多利润却错失机会，对公司毫无益处。

难懂的词太多不好下手

既然不学会计知识对公司毫无益处，那为什么大家不去学呢？

原因之一是难懂的词比较多。

因为有很多平时没听过的专业术语，大概接近学外语的感觉。

罗列一下我现在想到的会计相关用语，就有财务会计、管理会计、记账法（准确说是复式记账法）会计、会计审计、企业会计、税务会计、会计原则等，非常多。

例如，记账法的英文是 Bookkeeping。

这本身是"记账"的意思，明治时代曾被译为"记簿法"，但"记账法"更为常用，文部省（现文部科学省）也采用这一译法并普及开来。

包括这个记账在内的会计相关词汇，如果学习复式记账法和会计学的话一定会学到，如果分配到财务部门，理解它们是工作的前提。

想提高年收入就来学会计思维

因此我想告诉大家的是，即使从事的是会计以外的工作，掌握日商簿记3级（日本工商会议所主办的会计等级考试）水平的知识绝对没有坏处。

我常听很多商务人士说他们成功通过了考试，更加自信了。

想必各位读者在阅读本书的过程中，也逐渐理解了会计思维在商务世界中的重要性，如果大家能尝试挑战一下，我会很高兴的。

写作本书的目的就是想让大家知道，不用那么专业系统地学习会计知识，也能"理解会计的重要性，掌握一点会计思维"，因此本书或许正适合这样的人阅读。

但是，我更希望大家在读过这本书后，能愿意再去看一些高级会计相关的书。如果你想以会计思维为武器，提高将来的收入的话，当然更应该对其学习积极些。

在这个问题的最后，再来从经营者的角度说一下吧。

员工是经营资源中最重要的财产，因为他们背负着公司的未来。

整个公司的成长依赖于每一位员工的成长与价值提升。因此，教育培训是很有必要的。

应该将公司获得利润的 2% 左右投资到教育培训中。我认为这件事的重要性非常高。

实际上，有个公司在应届生入职之前就给他们每个人发了会计的教科书，让大家在入职前学习会计知识。入职后，公司也会继续进行相关培训。

这种例子在企业中并不少见，因为员工入职后如果看不懂客户公司的财务报表就无法处理工作。

企业要先判断客户的信用水平，考虑"交易额应该控制在什么范围内"。它们非常重视这种信用审查业务。

需要强调的是，会计的培训不仅仅是新人培训的内容，对于管理层和经营者也是绝对有必要的。

请一定每年定期举办会计的相关培训！拜托啦！

第二章
利用会计思维提高"营业额"和"利润"

营业额和利润之所以迟迟提上不去,就是因为公司和员工欠缺会计思维。无论个人还是团队,只要缺少这种思维,就无法创造出成果。那么,这一章我们就来具体介绍一下会计思维能创造出多少营业额和利润。

第一节
"营业额"和"利润"哪个更重要

在第一章中学习了会计思维重要性的一线员工,在第二章中要继续学习如何用会计思维提高营业额和利润。那么在实战中会让结果产生差距的会计思维,到底是什么样的?

课长:这个月的利润也不太理想啊!

年轻人:怎么了课长?愁眉不展的。

课长:无论怎么努力,业绩都不见起色。这个月的利润也是负的,没法跟老板汇报啊。

年轻人:唉,太难了!

课长:不要觉得不关你的事。你在和客户签合同的时候,也要多看看利润率才行啊。

年轻人:课长这么说我不能接受。**我为了拿下合同已经非常努力了。利润应该是课长考虑的事吧?**

课长:还真是个能言善辩的家伙啊。但是,怎么才能让下属意识到利润的问题呢……我还是去问问老师吧!

建议：了解公司为什么重视营业额

应该优先考虑营业额吗？还是说利润更重要呢？这是实际工作中经常出现的问题。我知道你们很纠结。

营业额和利润都能提高是最理想的，但实际上没那么简单。因为即使营业额增长，利润却未必同比例增长。

对老板来说，只要有利润就能返还给员工，也能还上借款，还能投资设备，使公司进一步发展。相反，如果一直不能获得利润，那这个业务就无法维持下去，迟早会破产。

那为什么还是有许多企业会优先考虑营业额呢？

营业额即便增长也没什么好处

试着思考一下为什么"营业额至上主义"在企业中经久不衰吧。

理由1（销售人员的观点）

在直接和客户打交道的销售人员看来，即使知道这个工作结果是赤字，但如果这次不接单，下次就有可能拿不到订单。总之必须要提高营业额。

理由2（董事长和销售人员的观点）

即使一开始利润比较少，但只要营业额不断增长，那么随着营业额的规模扩大，公司的知名度就有望提高。供应商的口碑也会更好，有了一定规模后形成数量折扣效应，最终利润也会增长。

理由 3（董事长和财务部门的观点）

营业额规模的扩大，可以让公司更容易从银行获得融资。

理由 4（董事长的观点）

（与董事长的个性有关）想让自己和公司都能看上去更厉害一些。为此，即使不管利润也要把提高营业额放在首位。

上面列出了营业额比利润更重要的 4 个理由。但是，这些理由也有破绽。我来逐一解释一下。

首先，理由 1 中，**如果一开始就做好会赤字的准备而接下订单，那么可想而知，最终客户每次都会要求以这个价格下单**，所以每次都会出现赤字，最后得出的结论就是这种订单不该接。

理由 2 中，如果不适当提高商品价格，**即使营业额增加，也很难达到实现数量折扣效应的规模**。这只是单纯的幻想。

理由 3 也是一种错觉。如果没有担保，只有营业额增长但一直不能获利的话，最终也无法从银行拿到贷款。

最后的理由 4 另当别论。**如果不能在获利的前提下提高营业额，那么资金链会断掉**，最终公司会破产。

综上所述，大家应该已经明白了，**营业额至上主义是不现实的想法**。

公司刚起步时，首先需要有营业额

接下来，我们来讲讲**在什么阶段、什么情况下需要把营**

业额放在比利润更优先的位置。

首先是在公司刚刚创业之时。总的来说,不提高营业额的话业务就无法维持下去,所以容易出现营业额优先于利润的情况。

提高公司名气和产品的知名度,开拓更多新客户,卖掉更多产品,这是每个董事长都想看到的。

因此,他们实行了下面这些策略:

- 向所有朋友和认识的人发送开业通知;
- 制作公司官方网站,宣传自己的产品和业务;
- 在社交网站上发信息宣传;
- 采取搜索引擎优化措施,让公司名和产品名在搜索引擎的搜索结果中优先显示;
- 签约代理商;
- 在电商网站上架产品;
- 发广告传单;
- 上门推销;
- 电话营销;
- 参加促销活动;
- 向媒体(报纸、杂志、电视、广播)推销;
- 定期开设讲座和工作坊。

他们会在时间和成本允许的范围内,尽可能地采取所有的措施。

但是,乱枪打鸟,如果没有任何战略就盲目着手的话,结果常常不尽如人意。

公司必须要考虑每个策略的性价比，也就是执行时还要运用会计思维。没有效果就叫停，转而执行下一个策略。顺利的话再继续投资。每个公司都需要不断重复这个过程。

但是，即便这么做，提高营业额也不是那么容易的。在进行上面这些宣传的同时，如果不能提高核心的商品竞争力，宣传效果也很难持久。所以，**必须要同时改善和强化商品的竞争力**。但是提高产品竞争力也是要花费成本的，即使营业额不见起色，还是要预先支出这笔费用，也有一定的风险。

而且，有时为了把商品卖出去不得已要降价，但是一旦降价了往往很难再恢复到原先的价格。等意识到的时候，已经陷入了有营业额但是没有利润的状况。

这样下去的话，开业一两年可能还能维持，但是如果一直赤字的话，最终会难以为继。

只要有亚马逊的资金实力就能做到

度过创业阶段，事业开始步入正轨，很多时候必须优先重视营业额。因为公司和产品的知名度都不高，所以不得不把提高营业额放在首位。

但是，尽管每个月营业额有所增加，但公司还是赤字，导致资金链紧张，业务也维持不下去。

如果是现金交易，交易的同时就有现金入账，资金不太会出现问题。但如果是赊账交易，从赊账出售到货款入账会间隔几个月，这就要特别小心了。产品的进货成本、原料费、人工成本很多都要预先支出，即使营业额增长并且有利润，但很多时候还是会出现资金见底的情况。

也就是所谓的"盈利破产"状态。以赊账卖出为条件的业务要注意必须提前做好资金链的计划再进行交易，同时也要保证有利润可得。

自有资本和借入资金如果就要见底了，那么在这之前要么从金融机构追加运营资金的借款，要么让第三方加大投资，为自己提供资金支持。

那时，需要思考尽量低成本的销售方式，或者改变销售渠道和流通路线，或是将广告宣传费用压缩到最小限度，趁提高产品质量的时间节点提高销售单价，等等。总之必须进行大刀阔斧的改革。

在这里，我们介绍一个重视营业额的成功案例。

那就是在全球开展电商业务的亚马逊公司。该公司于1997年在美国上市筹得资金后，一直采用的是重视营业额、扩大市场份额的战略——"即使赤字也要通过早期投资来扩大业务、占领市场份额"。

他们之所以能取得这些成就，是因为经营者的经营方针和愿景清晰地传达给了股东，并得到了股东的支持。

该公司的业务最初只是面向普通消费者的书籍网购业务（B to C）。但它们将业务范围逐渐扩大到所有商品，并且开始进军企业对企业（B to B）业务，最终对所有行业产生影响。现在，它们还通过云服务（AWS）获得了巨大的利润。

最近，亚马逊公司被指滥用对客户的优势地位，涉嫌违反公平交易法。但这种通过营业额优先、扩大市场份额的独特战略实现成长的案例也的确非常罕见。

如果是有着亚马逊公司这种资金实力的公司，初期可以做好赤字的准备，先花经费先提高营业额，以此提高知名度。等到营业额到了一定规模，就可以提高产品售价，确保利润，或是与供应商协商降低采购价格（批量折扣）。也可以采用将推广费用转移到供应商身上的方式。

但是，如果没有亚马逊公司这种资金实力，就不该模仿这种营业额至上主义。

如上所述，营业额至上主义也不是没有成功案例，但必须尽早转变这种经营策略。若老板和经营管理层干部不能率先改变营业额至上主义，下属对利润的意识就始终还是那么低。

长此以往员工会消极怠工

营业额至上主义最大的风险和问题就是员工的消极怠工。如果是那种即使营业额增长到两倍、三倍，工作量也不会变的业务（例如可以通过系统和网络完成的工作）倒没什么，但对于通常的业务来说，如果营业额翻一番，那么顾客和准备工作也将随之增加，员工要花费在工作上的时间至少是以前的两倍。

如果营业额翻一番，利润也翻一番，那只要再多雇一些员工，就不会增加工作负担。但如果不是的话，工作量无疑将会加倍。一旦这个量超过了员工的极限，他们就会因无法忍受而辞职。

那么，抛开营业额至上主义不谈，今后请尽量在销售时优先考虑利润的获得。为此，需要想方设法地将产品尽量以高价出售（这种情况下，只有提高产品的质量才会得到顾客的认可），以更低的价格进货，等等。至于具体利润的比例应该设为多少比较合适，我们下一节再讲。

第二节
五种利润，哪个更重要

营业额固然重要，但如果没有利润，公司就难以为继。在公司工作的人，应该始终意识到利润的重要性。尽管我们简单粗暴地把它们都叫作利润，但也有些人表示这么多种利润，不知道该把哪个作为判断标准。那么公司究竟应该重视哪种利润呢？

课长：尽管统称为利润，但其实利润也有很多分类。你知道利润有五种吗？

年轻人：啊？利润的话，我就勉强知道营业利润，其他的就……

课长：果然你不知道。主营业务毛利、主营业务利润、营业利润、利润总额和纯利润。希望你能记住这五种。你觉得这里面哪个最重要？

年轻人：我完全不知道。课长知道吗？

课长：我平时都是看主营业务利润。啊，老板！

老板：课长，你将来可是要成为公司顶梁柱的人，光看眼前的主营业务利润可不行啊。希望这些你都能好好学一学。

课长：对不起，老板。我这就去向老师请教。

建议：公司最看重的应是毛利

公司的业绩表之一，也就是财务报表中的损益表。

损益表反映的是这一年里赚了多少钱，或是蒙受了多少损失，显示利润（profit）和亏损（loss），英文写作 profit and loss statement，简称 PL。

损益表用"收益–费用（经费）=利润"来表示，每种营收过程都有自己的细分利润账目。

共有五个阶段的利润，比较复杂，它们按从上到下的顺序分别是主营业务毛利、主营业务利润、营业利润、利润总额和纯利润。同是利润，但含义却各不相同。

请先理解 PL 的整体结构，如下所示：

> 主营业务收入 – 主营业务成本 = 主营业务毛利
> 主营业务毛利 – 销售费用及管理费用 = 主营业务利润[1]
> 主营业务利润 + 其他业务利润 – 其他业务支出 = 营业利润
> 营业利润 + 营业外利得 – 营业外损失 = 利润总额[2]
> 利润总额 – 各项税金 = 纯利润

首先，营业额表示的是一年里向客户提供产品和服务从而获得的等价报酬的金额，也就是卖了多少钱。这是公司给

---

[1] 此处遵循日本的会计准则。——编者注
[2] 准确来说是税金调整前的纯利润。——作者注

外界的整体印象，一般我们会用"年交易额10亿日元的公司"之类的表述来形容一个公司的规模。

从这个营业额中减去销售商品所花费的采购费用、制造成本等，得到的就是主营业务毛利。

实际工作中我们一般叫"毛利"，这是反映公司营收能力和损益的基本结构的重要指标。

花100日元购入的产品以130日元卖掉，那么营业额就是130日元，营业成本100日元，中间的30日元差额就是毛利。能把这个毛利提高到什么程度，决定了"损益结构"会发生多大变化。

反映主营业务赚了多少钱的"主营业务利润"

主营业务成本占主营业务收入的比例称为营业收入成本率，或是简称为成本率。主营业务毛利占主营业务收入的比例称为主营业务毛利率，或是简称为毛利率。

薄利多销的买卖毛利率在20%以下，餐饮业是65%~75%，眼镜零售业为70%左右，软件编程为20%~30%，行业不同，毛利率也不尽相同。

成本率低的行业，毛利率自然就高。比如，1万日元的眼镜成本价是3000日元左右（成本率30%），那么毛利就约为7000日元。餐饮店卖5000日元的菜品成本为1500日元左右（成本率30%），所以毛利约为3500日元。

接下来，从主营业务毛利减去销售费用及管理费用，得到的就是第二个利润科目——主营业务利润。主营业务利润反应的是"主业赚的钱",这个业务的损益结构是体现公司是盈利状态还是有赤字倾向的重要指标。

主营业务利润除以营业额得出的比例叫作主营业务利润率。

刚才讲的毛利率高的行业,例如眼镜零售行业,它们的销售费用和管理费用(简称经营管理费)——具体来说就是房租、人工成本、广告费、促销费、研发费等费用,这些费用占营业额的比重=营业额经营管理费率(简称经营管理费率)为50%~60%,因此,毛利率70%,从中减去经营管理费率,可以得出主营业务利润率为10%~20%。

相反,软件行业公司的话成本率高达70%~80%,这种行业的营业管理费率大多数都很低,只有10%~20%(见表2-1)。

表2-1 不同行业的业务数据

行业	眼镜零售业(%)	软件行业(%)
营业额	100	100
营业成本	30	70
主营业务毛利(毛利)	70	30
销售费用和管理费用(经营管理费)	60	20
主营业务利润	10	10

关于眼镜零售业和软件行业,它们从营业额到主营业务的百分比如上所示。

它们都是主营业务利润率为 10% 的业绩良好的存续企业的数字，上面的百分比体现了这些业务的基本结构。

会计思维会让目标更明确

现在，我们假设这里有一家主营业务利润率为 2% 的公司。

主营业务利润率为 2% 意味着"随时都有可能出现赤字"，所以我们需要在下一个年度确定"调整损益结构，实现主营业务利润率 10% 的目标"。

因此，为了确保主营业务利润率能达到 10%，我们设定以下三个目标。

目标 1：营业额提高 5%

目标 2：成本降低 3%

目标 3：削减经费，经营管理费率降低 3.5%

如果把这三个改革方案整合到一起就是下面这个表（表 2-2），把这个数值进一步修改为百分比可以看到能够确保主营业务利润率为 10%。

表 2-2　调整计划一览表

科目	本年度（实际业绩）（日元、百分比）	下一年度（计划）百分比前（日元）	下一年度（计划）百分比后（日元）
主营业务营业额	100→提高 5%→	105	100
营业成本	35→降低 3%→	34	32
主营业务毛利	65	71	68

续表

科目	本年度（实际业绩）（日元、百分比）	下一年度（计划）百分比前（日元）	下一年度（计划）百分比后（日元）
经营管理费	63→降低3.5%→	61	58
主营业务利润率	2%	10%	10%

目标1~3里，营业额的增长率和成本、经费的削减比例都是可实现的，所以这个计划没有那么困难，让公司的人理解这一点，就可以制定具体的措施了。

这样一来，使用数字开启会计思维，可以让目标更清晰。剩下就需要向着目标一步一步实施具体措施了。

持有人重视"经常"

接下来，在主营业务利润的基础上增减与主营业务直接关联较少的收益和费用，可以得出营业利润。

与主营业务关联较少或者毫无关联的收益和费用，分别称为其他业务收益和其他业务支出。

其他业务收益包括利息收入、分红，但其他业务支出包括支出利息[1]。

只要有银行存款就会有利息收入，只要持有股份就会拿

---

[1] 此处遵循日本的会计准则。而在中国的会计准则中，利息收入、银行手续费等通常记入损益类的"财务费用"科目。财务费用与销售费用、管理费用统称为期间费用。——编者注

到分红，这些都会算到营业利润里。相反，如果从银行借款，就需要支付利息，而这些要从营业利润中扣除。

日本的会计中营业利润称为"经常利益"，简称为"经常"。这项利润除了主营业务的利润，还包括主营业务之外的财务活动所获得的收益、费用，是判断公司信用等级的重要指标。

日本中小企业的经营者（私营企业主）多采用家族经营。公司是否赚到了钱，能否稳定地创造价值，用来衡量这些的营业利润是企业主最关心的项目。

另一方面，在"所有权和经营权分离"的公司中，主营业务利润在大多数情况下可以衡量经营者真正的经营实力，因此这个数字也很受重视。

接下来，营业利润加上临时产生的营业外收益，减去临时产生的营业外损失，可得出利润总额。

营业利润如果为赤字，则企业经常会通过变卖闲置资产（土地、建筑）获得收益。出售时的金额减去买入时的金额（账本上的金额），如果有盈余，就是固定资产净收益，作为营业外收益加到营业利润中。

如果固定资产出售后账面发生损失，就作为固定资产净损失，与裁员整合业务时的损失一样，作为营业外损失，从营业利润中扣除。

主营业务如果不能盈利，营业利润就是负的，但出售所持有的不动产和股票可以获得营业外收益，将利润总和扭亏为盈，最终勉强拿出钱来分红。这种事在上市公司中很常见。

最后是纯利润。

从利润总额中扣除法人税、住民税、事业税[①]等各种税金后得到的利润金额就是纯利润。由于它是从营业额中减去所有费用和税款后的剩余金额，所以也称为最终利润。给股东的分红就是从纯利润里出。

基本上所有的利润都能增加是最理想的，但是只要主营业务利润不是正的（黑字，表示盈利），主业的损益结构本身就应该被重新审视并加以改革。

主营业务利润是正的，但如果借款过多，那么支付的利息也会多起来，导致利润总额出现赤字。如果那样的话，可以通过融资来筹集资金，或者变卖闲置资产减少借款，除此之外还需要减少日常开销。

在实务中应该时刻关注毛利率

现在，回到我们在设问中提到的问题，五种利润里，究竟哪个最重要呢？

在问答当中，课长一直以来重视的都是主营业务利润，而老板却说他视野不够开阔。老板说的的确也没错。

相比而言，老板重视什么呢？老板受股东委托经营公司，重视的是最终利润，也就是本年度纯利润。可以说他处在一个要为之负责的立场上。

---

① 这是日本的税种，与我国不同。——编者注

第二章
利用会计思维提高"营业额"和"利润"

立场不同，重视的利润自然也就不同。所以，就算对公司的员工说"要重视主营业务利润"，或是"工作时要考虑到营业利润"这种话，他们也很难理解。

应该对战斗在最前线的员工做出的指示是**"请在工作中重视毛利"**。因为这是对他们来说是距离最近、最熟悉的利润。

其实，如果能主动计算出主营业务利润和营业利润并应用在工作中的话，那没什么好说的；但知道用营业额乘以经营管理费率计算经营管理费，得出主营业务利润，还能在谈判中用上这些的销售员，又有几个呢？

这个产品卖多少个，比起"能赢利多少""能赚到多少毛利"更容易算，也更好记，适合实践。

那么具体该怎么做呢？我们假设有一家经营管理费率（去年的财务报表数据）为 18% 的公司。

如果出售的产品毛利率为 18%，那么我们可以得出以下公式：

> ✓ 毛利率 18%－经营管理费率 18%＝主营业务利润率 0%

因此，这家公司必须要卖毛利率高于 18% 的产品。也就是说，如果卖的产品毛利率低于 18%，会出现赤字。

主营业务利润率的目标如果定为 10%，那么就要将毛利率设定在 28% 以上。

企业应该对跑业务的销售员做出这样的指示，以便这些与客户打交道的人也能认识到这一点。

大家请也试一试这个**"毛利率"至上主义**。

第三节
明明卖了很多，为什么利润那么少

明明卖了很多钱，但如果换算成利润，可以说是负的……有些人有过这样的经历吧。为什么会发生这种事呢？大多数是因为定折扣的标准太模糊。是降价以卖掉更多商品，还是不降价少卖一点保持利润？究竟哪个更有效率呢？

年轻人：课长，我今天拿到了很大一笔订单。AB 企业加购了 3000 个我们的商品。

课长：干得不错。但是没想到它们能以我们提出的价格买那么多。

年轻人：啊……因为它们买得多，我就给了一点折扣。

课长：你多少钱卖的？什么？这折扣给得也太多了。你好好想一想成本啊！

年轻人：（为什么我卖出去了那么多，却还要挨骂呢……）那，成本是多少来着？

老板：课长，如果不能让下属更加理解成本，那只会陷入卖多少也不赚钱的恶性循环。

课长：对不起……（总感觉最近一直在挨批评呢……）

建议：明确规定折扣的限度

实务中，商品如果不能按最初的定价出售，那就只能折价出售。如果一直放着不卖的话，商品会越来越旧，越来越卖不出去，还要花保管费，成了多余的负担。不管什么商品，"趁热卖完"是销售的原则。

前一节我们说过"销售时重视毛利很重要"。这次的话题是在这个基础上的延伸，主要讲讲什么程度的折扣是可以允许的，以及如何决定折扣的规则。

比较过去三年业绩而发现的事

进入正题之前先问大家一个问题。

各位读者所就职的公司经营的业务内容是什么？

这些业务的营业额是如何计算出来的？

这个问题或许有些唐突，但无论什么行业、什么形态，它的年度营业额一定可以通过分解成以下公式来解释：

① 营业额 = 客户数（人、企业）× 平均客单价

② 营业额 = 商品数量（个、件、平方米、吨）× 商品平均单价

③ 营业额 = A 业务营业额 + B 业务营业额 + C 业务营业额

④ 营业额 = 总店营业额 + X 分店营业额 + Y 分店营业额

⑤ 营业额＝现有店铺（现有业务、现有商品）营业额＋新增店铺（新增业务＋新增商品）营业额

⑥ 营业额＝现有客户数量 × 平均现有客单价＋新增客户数量 × 平均新增客单价

只经营一项业务的公司或是只在一家店销售的公司用不上③、④、⑤，但①、②、⑥的公式应该是所有企业通用的。

只要能写出本年度的算式，那么去年和前年的也可以试着算一下。把这三年的算式摆在一起仔细观察，就会弄清很多事。

另外，算式①中的"客户数量"还可以继续拆分。

举个例子，假设年营业额为 5.25 亿日元，年客户总人次为 15 万人，那么平均客单价就是 3500 日元。接下来，实际的交易中，假设的回头客数量是 1.2 万人，那么每个人一年中的下单次数为 12.5 次。用算式表示如下：

> 年营业额＝客户总数 × 平均客单价
> 5.25 亿日元＝15 万人 × 3500 日元/人
> 年营业额＝回头客数量 × 下单次数 × 平均客单价
> 5.25 亿日元＝1.2 万人 × 12.5 次 × 3500 日元/人次

也就是说，如果写出过去三年的算式，就可以分析客户总数、唯一客户数、下单次数分别有着怎样的变化，而变化的原因又是什么。

第二章
利用会计思维提高"营业额"和"利润"

忠诚顾客的存在是关键

统计分析回头客中购买量较大的忠诚顾客也很有意义。假如，1.2万人中排名前20%的2400人是忠诚顾客，让我们来试着分析一下它的营业额。

通过统计这2400人你会发现，他们贡献的营业额竟然有4.2亿日元，占**全部营业额的八成**。下单次数的分析可以写成下列算式。

> ● 仅以忠诚顾客为对象的分析
> 年营业额 = 回头客数量 × 下单次数 × 平均客单价
> 　4.2亿日元 = 2400人 × 20次 × 8750日元/人次

可以看出，忠诚顾客无论是下单次数还是客单价都非常高。这让我们意识到如何让忠诚顾客持续回购，并且增加忠诚客户的数量，是非常重要的经营课题。

这种算式的分解不仅适用于①，②~⑥的算式也可以这样分解。如果分析近三年的算式，就能看到每个数值的变化，也能知道应从哪里着手改进。请务必挑战一下。

在分析这些营业额的过程中，我们必须注意到的一点是折扣的问题。下面终于进入正题了。

例如，假设分析算式①得出结论，营业额在三年里没有大幅的增减，但是今年的平均客单价下降了。这是为什么呢？此外，今年的客户数量却大幅增加了。

063

在这个案例中,出现了这样一种质疑声,是不是折扣的比例超过了通常允许的范围?如果不能明确制定折扣的规则,就可能造成赤字。那么,这个规则该怎么定呢?

若按照原本的售价(初始定价)销售,毛利和利润都与预期相同,或者高出预期。因为售价一开始是在成本和经营管理费的基础上加上利润设定的。

但是最终顾客肯花多少钱买是由市场和竞品间的差别决定的。如果企业感觉卖不出去,就只能早早打折。

让我们看看打折的结果如何吧(见表2-3)。

表2-3 折扣分析表

单位:日元

按原价销售		折扣额=15		折扣额=22	
营业额	120	营业额	120	营业额	120
营业额折扣	0	营业额折扣	-15	营业额折扣	-22
成本	-60	成本	-60	成本	-60
毛利	60	毛利	45	毛利	38
经营管理费	-40	经营管理费	-40	经营管理费	-40
业务利润	20	业务利润	5	业务利润	-2

如表2-3所示,本来按定价来销售,利润为20,折扣额为15时,利润为5。如果折扣额为22,利润就成了-2,出现赤字。

折扣额为20时,利润为0,因此,可以规定具体金额"折扣额不得超过20",或是"折扣率不得超过16.7%

（20÷120×100≈16.7）"。这样规定折扣的比率，业务利润就不会出现负的了。

简单说就是这样决定的。

但是，实务中还要复杂一点。考虑折扣额度可以放宽到什么程度时，这就需要引入"边际利润"这个概念。这一点可以参考下一个问题。

上文中，我们从营业额分析讲到折扣。

结论就是，无论什么商品，都不能忽视销售时（营销时）必须支付的营业成本（或者成本率和毛利率）及经营管理费（或者毛利率）。

此外，还必须遵守折扣的规则，并建立机制（销售管理系统）监测规则是否被严格遵守。这对于业务的发展是必不可少的，请务必实行。

无论是一线的销售人员，还是身为上司的经理，在与客户谈价格时，请一定用上这条知识。

第四节
为什么指标设定的是营业额而不是利润

销售人员最不想听到的词就是"指标"。一到月末就让人胃疼的,就是这个词没错了。但是,仔细想想,指标大多都是营业额,不是利润。为什么指标没有设定成应该重视的利润呢?我们带着这个单纯的问题去问问老师……

年轻人:课长你最近总是"利润、利润"的,总把利润挂嘴边儿。

课长:那肯定啊。不然的话,你的工资从哪儿来?奖金就更是白日做梦了。

年轻人:那怎么办呢?你看那个营业额柱状图,我们就是这样跟别的员工竞争的,所以自然比起利润会更重视营业额。

课长:这个嘛是自然,但是……话又说回来,为什么利润额不作为目标呢?我也答不上具体的理由……啊,老师!

老师:我听说了。重点就在于边际利润。

课长、年轻人:边际利润?

老师:首先,按营业额定指标,和按利润定指标,我们来思考一下它们各自的优缺点。

第二章
利用会计思维提高"营业额"和"利润"

 建议：懂了边际利润就懂了会计

最近不太见得到了，但是一整面墙贴的都是销售员的营业额柱状图，这种光景在过去还是很常见的。

可能是因为贴出来引发了一种相互竞争的心理效应。从心理健康的角度来讲这不太好，如果继续下去的话离职率会越来越高。

比起那种柱状图带来的"鞭策"，全体销售人员齐心协力、出谋划策，主动改变工作结构，应该更有效率且更持久。我很想让大家想一想有哪些方法可以代替柱状图，但那就会偏离本章主题，这个话题就先到这里。

把营业额设为指标的弊端

在本轮设问中，主题是作为指标——也就是销售目标，营业额和利润哪个更容易执行的问题。此外，作为前一个问题的延伸，还包含"折扣最大能到什么程度"这个问题。

首先，我们从前者开始说。

先说结论，在实务中，营业额更适合做销售目标。

一旦把利润作为销售目标，就必须挨个从营业额中减去营业成本和经营管理费，这对于不擅长计算的人来说是非常吃力的。

计算的结果有时候也可能是消极的，诸如由于没有利润所以放弃这个销售方法之类。

但是，营业额作为指标和目标也有它的弊端。如果稀里糊涂地以营业额为先，就会频繁进行打折，没有利润的情况就会越来越多。

如果营业额高但毛利率低的产品的构成比重较大的话，可能会出现卖了很多但是利润很少的情况。有时营业额虽然提高了，但合同规定促销费、手续费要与之成比例地支付给第三方，这就会压缩利润空间。

在前面的问题中，我们讲了营业成本和经营管理费。例如，售价120日元的商品，其中成本占60日元。成本是生产或购置这批商品时花的钱（成本价），所以比较好理解。

还有一个，经营管理费也是必要的支出。它包括销售商品所需要的人工成本、经费，以及总部行政部门的人工成本和经费。

经营管理费的计算方法如下。首先，一年的经营管理费的实际金额除以年营业额，得出营业额经营管理费率（经营管理费率）。假设这个数值是33.3%，那么营业额120日元对应的经营管理费是120日元乘以33.3%，也就是39.96日元，约40日元。

若按当初定下的售价120日元出售，从中减去成本60日元和经营管理费40日元，剩下的利润为20日元。当然了，如果折扣20日元，按100日元出售，那么利润就是0日元。

这样一来，可以允许的折扣额就是120日元和100日元之间的差额20日元。

不管怎么说，销售负责人都应该像这样以会计思维进行思考，意识到营业额的同时，也考虑到成本和经营管理费（或经营管理费率），再采取行动。

可以折扣至边际利润为零

接下来，是"折扣最大能到什么程度"这个问题。我先问大家一个问题，刚才我们讲了"可以允许的折扣额就是120日元和100日元之间的差额20日元"，但20日元以上的折扣真的不行吗？

实际上，不是所有商品都能这么简单地决定折扣的下限。

大多数情况都是现在不马上打折卖掉就不新鲜了，或者卖剩下的话来年的保管费用不菲，又或是剩余的库存商品就算放到来年也买不太出去，废弃费用高昂，等等，这类就算大幅折扣也要卖掉的产品。

关于这些商品，我要告诉大家，"可以折扣至边际利润为零，但绝对不能超过这个限度"。

边际利润是在损益表中也会出现的利润。但是，它在实务中也经常出现，建议大家一定记住。

要理解边际利润，就要从把"营业成本"和"经营管理费"的总额分成两块开始。

我们强行把它分为随营业额增加而增加的费用，和营业额增加也不会变的费用。前者称为"变动成本"，后者称为"固定成本"。

之所以说是"强行",是因为不存在完全的固定成本和完全的变动成本。就算是固定成本中的人工成本,也包括因加班费和劳务费的增减而变动的成本部分。

在零售业和物流业中,营业成本都是变动成本。经营管理费中的运费、物流费、销售手续费等随产品销售情况而成比例发生的费用,都是变动成本。

固定成本中,包含经营管理费中的人工成本、设备费(包括折旧费)等变动成本之外的费用。

另外,如果是制造行业,变动成本中包括营业成本的原料费和经营管理费中的部分费用,固定成本包括变动成本之外的所有费用。

给大家看一看零售业中将费用区分为变动成本和固定成本的损益表(见表2-4)。

表2-4 损益表

单位:日元

营业额	120
变动成本	
营业成本	-60
经营管理费中的变动费用	-8
边际利润	52
固定成本	
经营管理费中的固定费用	-32
利润	20

这是按原本的售价卖所得的利润。

另一方面,如果折扣到边际利润为零,也即是折扣额为

52 日元时，这个表会变成下面这样（见表 2-5）。

表 2-5　损益表

单位：日元

营业额	120
折扣额	-52
变动成本	
营业成本	-60
经营管理费中的变动成本	-8
边际利润	0
固定成本	
经营管理费中的固定成本	-32
利润	-32

盈亏平衡点在哪里

在这个公司的盈亏结构中，无论营业额是否增长，都会产生经营管理费中 32 日元的固定成本（典型的有人工费、设备费、房租），虽然允许有这部分的亏损，但是超出这个范围就不能允许了。不然就会出现越卖越亏，赤字会像滚雪球一样越滚越大。

这就不得不讲到"使边际利润低于 0 的折扣坚决不能出现"的情况了。

作为折扣的实际金额，上限是 52 日元，此时边际利润为 0，折扣率为 43.3%（52÷120×100% ≈ 43.3%），超过这个额度的折扣绝对不允许。像这样，只要按照实际情况制定规则即可。

不过，那种以为边际利润为正就足够了的想法，只是一种不切实际的幻想。赤字的情况中，也应该考虑"可以接受"的程度。即便边际利润为正，利润若是赤字，长此以往，资金也会无法维持，业务大概也难以为继。

况且，费用一旦可以拆分为变动成本和固定成本，那么利润为0时的营业额（盈亏平衡点）是多少也就一目了然了。我们讲一点这部分知识，大家可以作为参考。

费用分为两种，一种是无论营业额（S）是增是减都会发生的固定成本（F），另一种是与营业额成正比例发生的变动成本（V），产生利润（P）的计算公式如下：

$S-(V+F)=P$

这个公式可以变形如下：

$(S-V)-F=P$

这里P为0时的营业额就叫作盈亏平衡点，我们假设$P=0$，对公式进行变形。

$S-V=F$

两边都除以S得：

$$\frac{S-V}{S}=\frac{F}{S}$$

再把这个式子左边部分和右边部分的分母提取，可得下式：

$$S=\frac{F}{1-\frac{V}{S}}$$

这就是计算盈亏平衡点的公式。

公司的费用可以拆分为 F 和 V，只要计算公式的右边部分，就可以得出盈亏平衡时的营业额。

如果现在你们各自公司的营业额高于盈亏平衡点，可以看作"资金富裕"。

无论如何，这个盈亏平衡点越低越好，所以应该采取缩减固定成本、降低变动成本率（$V \div S$），削减变动成本本身、提高售价、增加销量等方式来做到这一点。

第五节
如果对方说等一等再付款，应该等到什么时候

在实际工作中会出现各种各样的问题，比如有时对方会说能不能过段时间再付款。这时，你怎么办呢？为了不致判断失误，一定要有会计思维！一旦错了，企业就会蒙受巨大的损失，因此一定要小心！

年轻人：课长，客户某A系统问能不能三个月后再付款。可以吗？

课长：又来？这都第几次了？是不是没把你放在眼里啊？

年轻人：是我的错吗？但是，某A系统每次最后都还是付给我们了，所以应该没事吧？

课长：话是这么说，但我们也有预算。把这个问题想得太简单了也会不好办的。对吧，老师？

老师：的确，拖延支付看上去没有实际损失，但实际上已经是很大的损失了。这次，我们一起来思考一下延迟支付的风险吧。

第二章
利用会计思维提高"营业额"和"利润"

 建议：利用会计思维规避坏账风险

这种事情偶尔会有。

资金周转不过来的客户会请求说"付款再给宽限一段时间吧"。这种事情允许一次，就会发生第二次、第三次。

这种案例中，有几点需要注意。

①卖给客户前是否签订好了交易基本合同书，其中是否规定了回收账款条件。

②是否判断过那位客户的信用，确定了信用额度。

③对方第一次请求"改期限"的时候，给他宽限了多久，然后实际支付又是何时。

④这次"改期"的请求是如何应对的。

⑤实际无法回收账款时，企业会蒙受多大损失。而且，如果这个金额能通过别的交易回收的话，需要多少营业额。

那么，我们依次来看一看。

应收账款变贷款

首先，①和②，除了现金交易的零售，都应该在判断客户的支付能力如何之后再卖给他商品。如果卖给没有支付能力的客户，那就无法回收货款，遭受损失。

因此，初次交易时，要在调查好客户的信用状况的基础上，再与对方签订交易基本合同，规定好交易的截止日期和支票有效期等收款条件。

此外，就算没写在合同上，最好收到定金之后再交货，或者确定信用额度后再交货比较好。如果经过几次交易之后，对方的信誉度提高了，那就随之提高他们的信用额度。

接来下是③和④，最开始对方请求宽限的时候，由于对方一直以来都是如约付款的，考虑到就这一次也是没有办法，没有规定明确的付款期限就随口答应了"行"。

如果平时都是一个月内就付款，但这次要求"等三个月"，可见对方的资金周转相当困难。其他客户可能也会做出同样的要求。

首先去对方的公司，听他们说明自己的财务状况，然后参观他们的公司内部和仓库内部，建议最好也观察一下企业经营者的健康状况和气色。如果了解这些之后，你觉得可以理解，就可以约定期限，答应改期；如果觉得不能接受，你就应该马上回收，采用委托律师催缴货款的方式。

对方要求改期之时，可以不再看作是普通的应收货款，而是作为贷款考虑。包括收取利息在内，可以考虑重新签订合同，如果对方有固定资产、库存产品、债权等，都可以考虑拿来作为担保。

最后，关于⑤，我们假设实际上去年营业所得的100万日元应收账款，由于对方破产无法回收。可以说这就单纯是100万日元的损失（坏账损失）。

表面上看回答可以是"是"，但考虑到要如何挽回那些损失，答案就成了"否"。为了通过其他交易挽回那100万日元，假定公司的毛利率为 20%，那么所需的营业额为 100 万日元 ÷ 0.2=500 万日元。

但是，话题到这里并没有结束。就算有 500 万日元的营业额，但只能用来填坏账损失的坑，这对于公司整体利润的提高没有一点贡献。

具体的条件我这里就不赘述了，我们假设没有坏账时全公司的营业利润率为 9%，但处理了坏账损失并进行了 500 万日元的交易后，营业利润率降到了 8%。为了让营业利润率恢复到原先的 9%，必须创造 909 万日元的营业额。要挽回损失还真是不容易啊！

看到这种情况后，与其出现坏账之后悔不当初，不如从一开始就不与没有信用的客户做生意。做好信用管理这件事的重要性，我想大家都明白了吧。**会计思维可以成为保护自己的坚韧武器。**

第六节
为何实际工作中，员工要有估测预算的能力

据说预算做得好的公司，员工的目标达成意识也比较高。相反，预算一塌糊涂的公司，员工也没什么士气。预算无论对于经营者还是对于现场工作都是十分重要的指标。那么，好的预算和不好的预算差距在哪里呢？老师，轮到你出场了！

课长：最近，老师教了我们很多，脑子里塞得满满的。今天希望老师能讲慢一点啊。

年轻人：课长，刚才我在走廊里碰到了总经理，他让我问你预算做得怎么样了，早点交上去。

课长：预算啊……简直头疼！

年轻人：预算是说，要买什么吗？还是说超出预算了？

课长：你在说什么呀！不是那个预算！你连预算都不懂吗？

总经理：怎么了课长？在为预算头疼吗？还是在为下属烦恼呀？哈哈哈哈！

课长：这我可笑不出来啊！

年轻人：课长真是不辞劳苦。如果是关于钱的事，跟财务商量就好了，可为什么……

建议：有了预算才会有改善

的确，一般我们讲到"预算"，指的都是购物时定的参考计划金额，或是支出的限额。

公司中用到的"预算"一词与之有几分相似，但一般是指一年中经营计划的目标值。

具体来说，按照与损益表相同的科目，企业每年都会计划预算金额，还会制作每个月的预算和各个事务所的预算，但是这些必须跟设备投资计划和招聘计划等进行联动计算。

预算如同航海图，没有就寸步难行

一般来讲，各部门领导做的数张预算表，会交到预算委员会手里，他们经过对上一年度的增长率和利润率等指标的分析和讨论，制作预算案。这个预算案经董事会决议，若是3月决算的公司，要在3月末或4月上旬发布。新的一年就此开始。

3月决算的公司，1月的新年之初到3月中旬期间，是设定下一年度预算的时间。12月中旬开始的公司也很多，完成通常工作之外，在3月底之前估算实际业绩，同时与这个数字进行比较，决定下一年度的预算金额，因此这是项非常辛苦的工作。

中小企业做预算的很少，就算有预算，也只有营业额的预算。也就是说，没有制作营业成本、费用、利润等预算的公司应该比较多。

预算就如同航海图，没有这个航海图，企业这艘船就不知道该驶向哪里，该怎么去。预算的作用是可以时常确认有没有按计划走，预算和实际业绩相差多少，分析出现偏差的原因，调整公司发展轨道。

为此，预算和损益表参考的是同一个基础，通过营业额预算营业成本、利润总额、经营管理费、营业利润、利润总额和各种数值，营业额按照产品部门和事务所制定，同时也制订月度计划，经营管理费也按照各个会计科目制定。若是制造企业，则以生产成本核算表为基础制定预算。

等到下个月的月初，月度决算报表做好了，就可以按科目逐个比较预算和实际业绩。计算出各科目的差额后，调查出现差额的原因。

例如，东京事务所1月份的营业额预算为3560万日元，而实际业绩是2850万日元，相差710万日元（19.9%）。

这个预算是东京事务所的所长做的，所以由他来分析出现差异的原因，在月度资料上写"由于在850万日元的案件上没有竞争过其他公司"。而且，还写出了对策，下次竞争怎么做才能不再输给对方。

要调查所有的差异原因本身也非常辛苦，所以应该制定规则，如"超出预算±5%就分析差异"。

完全沿用前年度的预算不可取

如果只是写"较前年度提高百分之几"这种"沿用前年

度型"的预算，可以很容易制定。但那样可能也就很难有要想方设法努力达成预算的心情。

假设，设定的预算是"使营业额较前年度提高 3%"，3% 的话应该很轻松就能达成吧？所以销售战略也没做太大改变，只采取了稍稍增加客户的战略，结果营业额反而较前一年下降了 2%。这种事完全有可能发生。

如果不是这样，例如，当预算是"目标是前年度的 1.5 倍"，且靠现在的销售体制很难完成，那么要达成目标，从销售体制到销售战略就都要重新审视。结果就是即便没有达成预算，业绩只是前年度的 1.2 倍，那应该也可以说是非常出色的成果。

对于成本和费用，大家可能想着可以削减成本。例如，前年度的成本率为 52%，今年的目标是"降低到 49%"，为了这"3% 的成本削减"，要彻底重新审视制造工程、原材料、辅助材料、外包加工等全部过程。

可能有人认为，即使做了预算，实际结果可能也跟预算相差甚远，做出来了又有什么意义呢？但是，企业在数年做预算、执行预算的过程中，与预算结果的差距会越来越小。

损益表预算就暂且讲到这里，而与之同样重要的是资金周转计划表。

它按月份分为"往来账户余额"和"财务收支"两栏，填入估算出的现金收入和现金支出的计划金额，最后预测计算出每个月末的现金存款余额。

上月末　现金存款余额

往来账户余额…（＋）往来账户收入＝现金营业额、应收账款的回收、应收票据入账

（－）往来账户支出＝现金采购、应付票据偿付、人工成本支付、外包费用和经费支付、设备投资、税款、分红、支付利息

财务收支…（＋）财务收入＝借款收入、增资、发行公司债券

（－）财务支出＝偿还借款

当月末　现金存款余额

做好每月的往来账户收入和往来账户支出的计划，就能知道它们的差额，也就是往来账户收支。如果这个差额每个月都是赤字，那么每个月末的现金存款余额就会逐渐减少，所以必须做好借款的打算。

计划整个年度资金流动情况的就是资金周转计划表，它与损益表（预算）不同。即使没有现金入账（赊账），损益表也会计入营业额，产生利润，但资金周转计划表着眼于现金的存取，是非常重要而基础的计划书。

即使制作的损益表预算中可以产生高额的利润，但实际经营中还是要时刻防止出现资金短缺的情况。

第二章
利用会计思维提高"营业额"和"利润"

有一年后的资产负债表才算完美

以上这些内容我想大部分会计相关的书中都有写到，但我经常跟经营者们说的是，"除了损益表预算和资金周转计划表，你们还应该做好一年以后的资产负债表（BS预算）"。

接下来，我来说明一下理由。

损益表预算和资金周转计划表中制作的数值都与资产负债表相关，因此各个数值的变动最终会反映在一年后资产负债表的数值中。

例如损益表的销售额和成本变动会反映在资产负债表的库存（存货）、应收账款和应付账款中。如果资金周转计划表中资金不足，就会影响资产负债表的现金存款和借款。

也就是说，虽然知道一年内赚了多少钱，计划存多少钱，**但是再过一年后，公司整体会变成什么样？财政状况是否健康？我们可以通过资产负债表预算了解全部。**

公司本来就是由拥有共同经营理念和目标的伙伴（员工）构成的组织。

该公司的年度预算编制完成后，各部门就会为了完成各自分配的预算而努力。

如果员工认为预算是公司单方面强加的目标，那么就很难达成。经营者和管理者要明确说明为什么会达到这个数字，还要让大家都明白，能否达成目标取决于大家是否团结一心朝着目标前进，这才是最理想的状态。

第七节
公司如何利用赚来的收益

公司总在强调提高收益，那么实际赚来的收益公司究竟都用来做什么了呢？不会是都进了老板的腰包吧？如果没得到有效利用的话，我们也就不出力了。那么收益比较理想的使用模式是什么呢？

年轻人：课长，我进公司都第三年了，工资几乎没涨过不说，奖金也没怎么拿到过。公司多少还是赚到了些收益的，可以再多返还给员工一些的吧？

课长：哎，我说，你小子长本事了啊。前段时间不是才刚讲过，如果你不能给公司赚到你自己工资几倍的钱，公司连雇你的成本都收不回来。虽说公司是有利润，但相较于分配到你的工资里，老板可能更想用作新业务的启动资金，或是雇更优秀的人才。

年轻人：你这么说可就是职场骚扰了哦！我当然也理解他想招聘优秀人才的心情，但现在这些员工的幸福也很重要啊，不是吗？

课长：当然，你说的也没错，但是老板的口头禅可是"想让公司再壮大一些"。他一定是想把钱更多地用来做前期投资吧。

年轻人：老板说要扩大公司规模，我可没这个想法。要是为了这个让我更努力工作，我不能接受。

老师：你好像很困扰。那么，让我们从会计的观点来思考为什么需要扩大业务规模吧。

建议：如果能将利润的三分之一返还给员工，可能会成为全体员工努力的动力

试想一下，如果上一年度赚来的利润在本年度全部用于提高员工的工资，结果会怎样。

企业无法保证上一年度的良好业绩今年可以继续，却要提高用人成本。这样一来，本年度很能出现大幅赤字。

通常，如果太快提高员工的基础薪资，会破坏经营上的计划性。重新规划薪酬体系也没那么简单。

其实，这个问题里包含了三个小问题。

第一个小问题是，为什么老板认为公司必须要成长、要扩大规模。第二个小问题是，赚来的利润（纯利润）属于谁，也就是公司属于谁。还有第三个小问题就是，赚来的利润用在谁身上。

成长是必要的，扩大却不是

先来讲第一个问题吧。

如果工作的员工都是自家亲戚，在有的公司，大家只要填饱肚子就可以了。

但是，如果公司雇的是跟老板没有亲戚关系的外人，虽不能奢求所有员工都一直待在这个公司，但至少必须能在某种程度上保证他们将来的生活。

例如，以应届生身份进公司的人，结婚生子，需要的钱也会更多。即便不结婚，他们可能也需要花费在照顾父母、追求兴趣爱好等方面。

站在员工的角度，如果不给涨薪，到什么时候生活也不会变富裕。作为近距离看着他们的老板，一般来说也会考虑给大家涨薪，哪怕只涨一点点。

那么，要想涨薪该怎么办呢？当然，不提高营业额和利润恐怕是做不到的。所以，或许老板想到要让公司扩大规模也是可以理解的。

但是，经济高度成长期早在很久以前就结束了，"以大为好"这种思维方式在商界也未必还行得通了。

现在，仅数十人规模的公司也能上市，成为业界首屈一指的企业，这种现象也不鲜见。即便自己公司没有工厂，也能很容易地作为制造商策划、设计产品，向合作工厂下单生产产品。

如今这个时代，即使不增加员工人数，不增加设备，也可以提高营业额和利润。总之，请大家理解，提高营业额和利润，与扩大企业规模并非是成正比的。

说一点题外话，最近，越来越多的人选择去乡下和离岸的岛上过慢生活，做想什么时候工作就什么时候工作的自由职业者，重视生活和工作的平衡，将兴趣爱好作为副业。在大量生产和大量消费的成熟社会中，这种现象变得越来越普遍。

被那种慢生活所吸引，嘴上说着"不想累死累活工作"的人看似越来越多，但也存在一个非常现实的问题。大多数人不必拼命工作，但依然能在老年时维持一种舒适的生活——这样轻松的社会，真的存在吗？我是想象不出的。

当然，随着居家办公、远程办公，还有应用高新技术的智能办公等新形式日益增多，很难期待那种可以让很多人不必负责、轻松工作的社会和公司。

我想，尽心尽力地工作，才是一个认真的普通商业人士该有的样子。

为了实现那些人的心愿，老板每年多少也希望提高一些营业额。

能提高员工的士气的利益分配方法

接下来，我们把第二个问题"赚来的利润属于谁"以及第三个问题"赚来的利润为谁所用"放在一起想一下。

依照日本的有关法律，答案是"公司是股东的"。

股东大会是公司的最高决策机关，股东有委任、罢免经营者（董事）的权力，也有把这个公司卖给其他人（公司）、与其他公司合并的权力，当然也有解散公司的权力。

只要公司的所有者是股东，那么公司赚得的利润就是属于全体股东的，说得极端一点，剩下的利润应该全部作为分红。

另一方面，在一般的社会观念中，普遍认为公司不仅是股东的，也是包括经理和普通员工在内的全体员工的，或是为了顾客甚至社会而存在的。也有人认为公司是"利益相关者的共同体"。

公司是社会广泛认同的公共机关，所以也有观点认为"对社会有贡献的业务才有存在的意义和价值，才应该继续"。可以说这也是一种应该有的言论。

最终，公司赚得的利润必须要返还给股东、经营者、员工、客户、顾客，甚至社会。

给股东的是分红，经营者给员工的是奖金，给客户的是稳定的交易量和金额，给顾客的是高质量的服务和实惠的价格，给社会的就是税金——公司以这样的形式回报社会。

例如，某个公司的税前利润总额为8000万日元，假设税率为40%，那么国家和地方公共团体征收的税金为3200万日元。扣除这个税款之后，剩余的净利润为4800万日元。

给股东的分红要从这里面出，所以，若分红比例（分红相对于净利润的比例）为3成，那就是1440万日元。剩下3360万日元，作为利润留成，留在公司。最后，资产负债表上资产的部分会相应增加。

这是法律上也是一般实务中的流程。公司赚的利润，应以税金的形式返还给社会，以分红的形式返还给股东，剩余的部分为了公司将来的发展而储存起来。

另外，从前面讲的公司应该有的观点看来，从提高员工士气的意义出发，还有这样一种决定薪酬、奖金分配的方法。

在年度初期，如果达成了营业利润的预算目标，将这超出预算部分的三分之一的金额作为年终奖金，返还给员工和经营者。

这三分之一的根据源于"赚得利润后，股东、经营者和员工、公司各分得三分之一"这一思考方式。对话中的公司如果也能采用这种分配方式，那就有可能成为全体员工努力的动力吧。

第八节
"良性赤字"和"恶性赤字"的区别

公司经营并非始终一帆风顺,也有赤字的时候。不过,虽说是赤字,但也不是立刻就会破产,甚至可以说赤字也有其好处。在第二章的最后,给大家讲一些关于赤字的基础知识,知道这些绝对没坏处。

年轻人:我有个朋友,听说他所在的公司连年赤字,我很担心他。我们公司不会其实也是赤字什么的吧?

课长:怎么说呢,确实最近是赤字的。

年轻人:啊?没事吧?不会突然破产什么的吧?

老板:破产?我们公司?

年轻人:啊!老板!公司真的赤字了吗?那什么,我还完全没准备好换工作呢呀……

课长:跳槽?你溜得倒是挺快啊。

老板:资金还周转得过来,所以没事的。所谓赤字,也有好的意义。

年轻人:资金周转?什么意思?还有你说的那个什么好的赤字,怎么感觉好像被骗了……

课长:一起去问问老师吧!

建议：丢掉"赤字＝不好"这个概念吧

读者们听说过"赤字有两种"吗？也就是下面这两种。

情况1：因销售不佳，经费支出比预想要多，所以出现赤字。

情况2：由于（有意图地）进行了前期投资，所以出现赤字。

这个分类或许让人觉得是为了将情况2的赤字正当化而找的理由，那么我来解释一下。

美国八成企业都是赤字

情况1中，如果营业额按原计划增长，应该是正数盈利的，但如果销售业绩持续不佳，维持公司的组织架构和店铺网点的经费极高，所以才成了赤字。这种情况很常见。

说起来有些伤脑筋，但据说日本全国中小企业六成以上都是赤字。

而情况2是在经营计划阶段就知道会出现赤字，或者说是有意为之的赤字。

例如，既有业务是盈利的，但新业务刚刚起步，为此进行的设备投资、广告宣传费等消耗了既有业务的盈利。

听上去很惊人，但是美国2018年新增上市（IPO）企业中八成年末决算都是赤字。这个比例与2000年迎来互联网（IT）

泡沫高峰时的水平相当。

这些赤字企业中，接近创业公司的企业比较多，无论在初创阶段还是选择上市，赋予股票价格是因为有一些投资机构比起眼前的利润，更加追求长期的成长性。

但是，这种企业如果连续几年都是赤字的话，有可能会被投资者质疑企业的成长潜力，从股市退市。

前面提到的美国网络电子商务巨头亚马逊公司，从1997年上市到2002年一直是赤字。在那之后，众所周知，亚马逊公司终于不负股东期望，成功扭亏为盈。

但是，我必须重申，这是极为特殊的案例。

员工也应了解赤字的原因

若是由于前期投资而出现赤字，要特别注意资金周转。

虽然营业额不能提高，但产品的采购金额、设备和人工费都要花钱。为了不让资金短缺，要从很早之前就开始准备。不然，无论成长潜力多大的企业，钱维持不下去都是要破产的。

导致破产最主要的原因就是销售业绩不佳，其次是连带破产。还有很多情况是销售业绩虽然不差，但资金回收不上来。

一旦资金无法保证，老板会说"我们是良性赤字"，好让员工安心，但某天突然破产的案例也不少。

如果担心，员工可以去向老板刨根问底，问一问是什么原因导致赤字，是前期投资吗？如果是前期投资，那么这部分业务有几成胜算？我想，如果是有会计思维的老板，就可以给出数字上的依据并做出解释，直到员工满意为止。

要点·会计建议

实际工作中"会计思维"大有作用
应用案例介绍

如果能在工作中逐渐用上会计思维，工作效率和速度应该都会提高。关于大有益处的会计思维，我们通过案例来看一下吧。

第一章第一节中讲过，会计思维是为了使企业能创造利益、积累资金从而在竞争中获胜，使用会计数字进行思考的方法。

具体来说，既要理解业务获利的结构"损益结构"→"营业额－营业成本－经营管理费＝利润"，也要理解现金收支的结构"现金流结构"→"现金收入－现金支出＝现金余额"，同时思考如何增加利润和现金并采取行动。

那么，在各种各样的工作现场中，会计思维是如何应用的呢？这里我们介绍一些案例。

案例 1

产品采购和销售时，为了有利润盈余，一边"计划预算"，一边思考售价，分析多少钱能卖出去。

案例 2

生产产品时,按工序分别计算原料费、劳务费和杂项费用,每种产品分别进行"成本核算"。

案例 3

聘用员工时,讨论能够衡量每人每小时能创造多少营业额和利润的指标——"每人每小时营业额"和"每人每小时生产力"。

案例 4

损益结构(营业额中成本和经费的比例)因业务的种类和规模而大不相同,所以要制作每项业务的损益表(业务部门损益表),评判经营业绩,讨论今后经营资源要如何分配。

从案例 1 到案例 4,会计思维在其中是如何有效发挥作用的,让我们深入研究一下吧。

利用会计思维决定合适的"售价"

案例 1

企业在进行产品采购和销售时,为了有利润盈余,一边"计划预算",一边思考售价,即多少钱能卖出去。

假设产品的采购价为 Cost(C),售价为 Price(P),从 C 决定 P 时,比如列一个这样的算式:

$P = C \times 2.0$

也就是说,应该将售价定为该商品采购价的两倍,这是由于以下三个理由:

理由 A：综合考虑该产品的品质、设计、包装等，最后判定，这个价格也有充分的市场竞争力。

理由 B：该公司销售产品所需的成本（经营管理费）平均为 35%，所以要按 2 倍左右的价格出售。

理由 C：只要售价设定为采购价的 2 倍，即使产品卖不完要按 9 折出售，也能保证 5% 的利润。

关于理由 A，参考市场价格——也就是竞争对手给出的价格决定售价，这算不上是会计思维。如果是按市场价来，可能就不是 2 倍，而是低一些的 1.6~1.8 倍，但考虑到理由 B 和 C，就不会这样做，这才是会计思维。

不过，这样可能不是很好理解，所以，理由 B 和 C，我们换个讲法，假设售价为 100 日元，分为 100 份（见表 2-6）。

理由 B，按原价 100 日元出售，如果能都卖光，就能获得 15 日元利润；如果只优惠 10 日元，按 90 日元出售，也就是 C 中所说的情况，也还是能拿到 5 日元的利润。

话虽如此，同样的商品市场价为 85 日元而我们想卖 100 日元时，就必须有相应的理由，例如质量高、设计好，或是待客和售后服务好等这些理由。

表 2-6　售价与利润关系表

单位：日元

	理由 B 的情况		理由 C 的情况
营业额（售价）	100	优惠 10 日元	90
营业成本（进价）	50		50
毛利润（毛利）	50		40

续表

	理由 B 的情况	理由 C 的情况
销售费用和管理费用（经费）	35	35
营业利润	15	5

员工、临时工……时薪多少才合适

案例 2

生产产品时，按工序分别计算原料费、劳务费和杂项费用，每种产品分别进行"成本核算"。

我们公司作为制造商制造产品，策划、设计、制造样品之后，要制订量产计划，并基于计划采购原材料，按工序分配机械设备和人力。

大致概括起来，从会计上来讲，必须掌握、统计所有产生的经费，计算出每个产品的成本，才能决定售价。

成本核算的方法在这里就不赘述了，但必须要有一个制度能清楚地了解每道工序需要的原料费、人工成本（劳务费）、外包费、间接制造成本费用等众多的费用额，并把这些分配给每个产品。

例如，有时为了生产一个产品，仅原料就有几百种，我们需要了解每一道现场工序的使用量，把这个使用量换算成金额，记在成本核算表上。

关于人工成本，谁（每月拿到×××日元标准月薪的A）在哪道工序，以及每道工序各需要多少小时。这些都要记录下来，统计在成本核算表里。其他费用也同样要记下来。

这样记录的各种费用，假设统计某个产品生产1万个，这个合集金额（假设为560万日元）平均分配到1万个，可以计算出每个产品的成本为560日元。

产品的标准成本率为40%，经营管理费率为48%，结果利润率为12%（100-40-48=12），那么这产品的成本为560日元时，售价（营业额）应为1400日元（560÷40%=1400）。

产品成本的560日元，如果能在生产现场降低一些成本，那还能创造更多利润。相反，售价如果低于1400日元，那么利润也将低于12%。

这样来进行成本核算，将来就会成为成本削减和价格谈判等所有商业活动的指南针。

案例3

聘用员工时，讨论能够衡量每人每小时能创造多少营业额和利润的指标是——"每人每小时营业额"和"每人每小时生产性"。

在便利店、餐饮店等需要开设许多分店的企业，店铺里的人力管理，特别是每个工作日每个小时的人员配置和工作分配（劳动力计划），都是非常重要的工作。

这个工作能否完成，对营业额和利润有很大影响。2个人花4个小时的工作，算作"2×4=8个工时"，做成计划表管理。

在这里运用会计思维时应该注意两项指标。

每人每小时营业额——员工每人每小时能创造多少营业收入的指标。假设某个店铺1天的营业收入为30万日元,这天全部员工(包括小时工在内共7人)的总劳动时间为50小时,那么员工的每人每小时营业额为30万日元÷50小时=6000日元/小时。

每人每小时生产力——员工每人每小时创造多少毛利(主营业务毛利)的指标。假设上述店面每天的毛利为18万日元,所有员工(同上)7个人的总劳动时间为55小时,那么员工的每人每小时生产性为18万日元÷55小时,也就是3273日元/小时。

假设,计划将人工成本控制在毛利额的40%以内,那么在安排人手时,应该将包括小时工在内所有员工的平均时薪控制在3273×40%=1309日元内。

计算一下正式员工的时薪就会发现,即使月薪只有30万日元的人,时薪也有1800日元左右。所以,按这个条件来算,正式员工2个人就是上限了,假如兼职员工和小时工的时薪为1000日元,那么只能安排5~6个人。

(计算示例)

● 首先,计算所有人的时薪总和

(月薪约为30万日元的正式员工的时薪为1800日元

月薪约为38万日元的正式员工的时薪为2300日元

+

兼职员工、小时工5人的时薪为1000日元)×5=9100日元

- 然后，计算平均时薪

9100日元÷（2人+5人）=1300日元

如该计算示例所示，平均时薪1300日元，成功控制在了预算的1309日元之内。这是非常重要的指标和计算方法，在实际工作中却意外地没有太多人用。其实如果用习惯了的话它是很方便的，所以大家请一定用用看。

现场工作中会计思维还没有普及

案例4

鉴于各业务在种类、规模以及损益结构（营业额和经费相对于营业成本的比率）上存在显著差异，因此需要分别制作每个业务的损益表（各业务部门的损益书），判断其经营状况，讨论今后该如何引入经营资源，或是撤去某个业务。

假设某公司有三个不同的业务，每个业务的损益结构应该都不相同，所以如果将所有业务的数据统合到一张损益表中，根本无法判断各个业务的经营情况。

下一年度，需要确定该对哪个业务投资，投资多少，或者哪个业务应该裁员。为了做出准确判断，每个业务部门应该分别做一张损益表。这叫作部门损益表。

制作这个损益表的麻烦在于要将总部的经费（人工费、房租、折旧费、销售费用、广告费用等）分摊到各个部门进行计算。

关于哪个部门用了总部的哪项经费、用了多少，一般是制定一个标准后再分摊。但如果没有制定正确的标准，分摊经费的部门也常常会抱怨"总部把那么多经费分摊到我们头上，可我们根本没用到那么多"。所以为了避免主观性，大部分情况都会基于各部门的人数比例和面积比例来计算分摊费用。

这些都是在公司的经营中非常重要，但却意外地没有得到广泛应用的会计思维案例。实在是太可惜了。

第三章
懂会计思维才能更懂成本

我们对于营业额和利润都有了进一步的理解，接下来让我们走近"成本"！如今的时代，营业额骤增几乎不太可能，因此成本的管理就愈加重要。在工作中能够理解成本的人与不能理解的人，得到的结果和评价将大相径庭。让我们通过会计思维来学习成本吧！

第一节
营业额不可控，但成本可以

眼下，削减经费是公司的第一要务。营业额减少，如果进账越来越少，就只能削减支出。但是在员工看来，说到底不过是公司的钱，很难提高成本意识。会计部门想推动削减经费，而其他部门却毫不关心。那么可以用会计思维拉近两者之间的距离吗？

年轻人：课长，会计那边又来电话了。一天到底要打几遍啊？

销售课长：又打来了啊……好，我知道了，我马上接。

年轻人：是出什么问题了吗？

销售课长：就是催我们赶紧交报销单。我们也很忙啊，所以交得稍微有点晚，他们就不能迁就一下吗？

年轻人：啊！会计课长！

会计课长：又在说我坏话了是不是？我这也是为了工作嘛。如果大家交得晚，或者填的内容不对，那我这边做起来就费工夫，也很棘手的。互相体谅一下嘛！

销售课长：唉，确实也是。

会计课长：为什么会计总被当成坏人呢？我去找老师聊聊看吧。

会计思维
在职场中掌控全局

 建议：有成本概念的人更有生存能力

我觉得做会计工作的人真的很辛苦。

经费的申请资料交得晚是明明销售等一线员工的问题，但会计却被迫背锅，被当作恶人。这种情况并不少见。并且，临近决算期时会连续加班，非常痛苦。

原本会计工作就不允许有一丝错误。会计这份工作，出现错误常常要挨骂，但努力却往往得不到表扬。人事评估也只采用扣分法，因此无法期待会计像顶级销售那样活跃且引人注目，也不容易得到很高的评估分数。

虽然统称为"会计"，但是根据公司的经营范围不同，小公司中除了现金存款，从营业杂务（如请款单①的处理和应收账款的回收管理等）到薪酬计算和支付，都是会计在做。

明显已经是满负荷状态了，但却没有人知道，这正是会计辛苦的地方。

不理解会计重要性的老板大有人在。因此，经常听说某公司的会计不堪重负突然辞职，老板这才终于明白他们是多么重要的存在。

要制作材料必须要统计数据

对于会计来说，希望销售等业务部门的员工们能理解以下

---

① 会计流程中一种申请借款或对外付款的基础单据。——编者注

104

第三章
懂会计思维才能更懂成本

两点。

第一点，会计的使命是快速且正确地统计出决算报表等公司经营所必需的资料。为此，必须从现场尽快收集发票和请款单等基本材料。总之，希望各部门的员工能遵守提交期限，准时将相关资料交给会计。

然后还有一点。无论在哪家公司，如何以尽量少的经费，产生巨大的利润，都是最重要的课题。为此，会计部对经费盯得格外紧。会计对于经费的严格管理，是因为如果能减少现场的开支，就能对公司做出贡献。希望其他部门的人能理解这一点。

只要在日常工作中能意识到这两点，大家的成本意识应该就能提高一个档次。公司对成本意识高的员工会给予更好的评价，所以对你来说好处也不少。

那么，先来稍微解释一下第一点——"期限"。

对于会计来说，重要的工作是制作决算报表。制作这些报表有几个期限，会计部门会从决算报表的完成日期开始逆推，设定这些期限。

如果是月度决算报表，假如必须在每月的董事会召开前两天完成，会计部门会从这个时期开始倒推，设定现场的报销期限。除此以外，还要决定加班费的计算期限、给客户发送请款单的期限、从外包公司接受请款单的期限，等等。

年度决算报表也是一样的，也有期限。要从最重要的股东大会日程逆推制作。未上市的公司要在决算期末后两个月内召开股东大会，主要上市公司则要在三个月以内召开。召开前，会计部门要制作公司法规定的业务报告等决算文件。

在年度决算中，必须要进行库存（存货资产）的实地盘点、库存和有价证券的评估、将预付和预收等临时账目结转到总账、应收账款和应付账款等的递延项目中、各种准备金和税项计算等，因此比月度决算报表更费工夫。

即使一块钱这点经费也要实现最大的收益

另外一点，大家觉得会计"对经费看得紧"，从而达到牵制经费开支的目的。关于这一点，我也来稍做解释。

本来，公司是自己经营业务，提高营业额等收入，并相应支出经费等成本，赚取中间的差额作为利润，储存现金，实现公司的成长和发展，维持业务的持续运营。然而，如果不能提高利润，就存不下现金，那这时业务就无以为继，最终可能导致生意破产。

其实这也是理所当然的，大家都能理解。为了维持业务，哪怕多赚一块钱，哪怕一块钱的经费，也要发挥出营业效果，这是关键。

实际上，无论在什么样的公司都存在很多浪费经费的现象。比如过去用过的软件停用之后还在继续支付使用费，又比如每个分店虽然支出内容一样，但单价却有高有低，而且是从不同商家采购的，等等。

营业额本就是不可控的，但经费可以控制。

光是会计自己努力大声疾呼是不够的，也需要现场部门的各位去配合、去理解，只有这样才有效果。

会计不要甘于"默默无闻的幕后英雄"的地位，而要继续大声呼吁，引导全体员工带着会计思维去工作。

加油！会计人！

第二节
哪些可以视为费用

"这不能算作费用？"——为什么明明是工作用的东西，却不给报销？是不是也有很多人对会计抱有这样的不满？到底哪些是可以被看作费用的？区分是否算作费用的标准又是什么？我们一知半解的费用到底有着怎样的真相？

会计课长：销售课长！都跟你讲过好几回了，这次怎么又把这个当作费用交过来啦！这个可不能报销呀！

销售课长：啊？！不行吗？难道年轻员工这股学习的热情，公司也不批准吗？

会计课长：只要是跟我们公司的业务没有直接关系的讲座，参加费用都是不能报销的。

老师：怎么了？又为什么事吵起来了？讲座参加费？确实也不能什么都给报销。

销售课长：那就只能自掏腰包学习了吗？这样的话，这年头谁都不会学的。

会计课长：……

销售课长：说起来，可以看作费用的支出到底包括哪些呢？老师，你能给学生讲一讲吗？

第三章
懂会计思维才能更懂成本

 建议：只有为公司花的钱可以报销

这个问题存在于所有费用的支出。首先我来解释一下一般的原则。已经知道的人可能会觉得无聊，但在这部分需要大家先充分理解费用的基本事项。

大家的金钱支出能否被作为"费用"，要从以下四个视角去思考。

视角 1 这份支出是否与公司的业务（工作）有关，根据法人税法等法律法规，是否可以作为费用（会在下一个问题中解答，在税收的系统里称为"损金"）。

简而言之就是税务局能否承认这笔费用。是否是用于提高公司营业额的费用，是否有必要支出。

视角 2 该支出虽然是公司的费用，但这笔费用是否被认定为使用者的工资。

为了个人支出的费用，由于是对个人有益的，所以税务局判定其为工资。因为属于薪酬，所以就必须一并进行预缴所得税处理。

视角 3 该支出不是一次性处理的费用（损金），而是作为可以使用多年的固定资产，首先要将其计入"资产"类别，再按使用年限将其作为固定资产折旧费这一费用来处理。

该问题还将在后文中再次提及，故在此省略。

视角 4 支出金额和内容是否正确。

是否有像发票这种客观的证据，是否写明了支出的日期、金额和内容,有没有得到妥善保管——这些是非常重要的。商务中费用报销必须要讲求证据。

从这四个视角去看费用,大家可能会觉得很麻烦,但是这非常重要,所以请大家一定耐心读下去。

交际应酬费不是费用

那么,首先让我们来思考一下,前面提到的讲座参加费能否作为费用(损金)。

它符合这四个视角中的视角1。讲座参加费是否与公司的业务(工作)有关是关键。如果有关,就可算作费用;如果无关,可能就不能算作费用。

不过,公司的业务除了现行业务,还包括将来计划开展的业务,因此,只要能证明是与此相关,就可以算作费用。

像这一问题中出现的讲座参加费无法算作费用的例子也不少,但是一般认为,"交际应酬费"原则上是不算作费用的。

公司税法中,不能算作费用的支出叫作"不得列支"项目,交际应酬费原则上全额都不列入支出。

不得列支的交际应酬费会被加到利润里一起计算税金,以此起到限制费用支出的作用。

但是,也有一些交际应酬费是开展业务所必需的,所以交际应酬费全都不算作费用其实是非常不合理的。

站在税务局的角度,如果不加限制地批准交际应酬费,那有可能会使税收减少,所以才制定了那样的政策。总之,我

第三章
懂会计思维才能更懂成本

想大概是因为交际应酬费[①]比较容易收税吧。

交际应酬费征税自1954年施行以来经历过多次修改，现在对于中小企业有所放宽，一定金额内的不算作"不得列支"的费用，对于大企业，也有一部分餐饮费最多可以有50%算作费用。

详情这里不再赘述，我们常见的"每人5000日元以内的餐饮费可以算作会议费"这种公司规则，就是从这条税法法规来的。

除交际应酬费外，还有很多其他不能列支的费用。这里只举几个例子。

● 海外出差中包括了一小部分观光。

根据处理业务所占比例来判断不得列支的部分。

● 员工旅行的费用不能无条件作为职工福利费。

50%以上员工参加，时长在5天4夜以内（如果是海外旅行则只计算在当地停留天数），公司负担金额不要太高（10万日元左右），超出的部分就算作工资。

● 超出不征税额度的交通补助，作为给本人的工资处理。

● 员工生日买蛋糕大家一起吃，这是员工福利费，算作费用。但如果给员工发庆祝生日的红包，那就要算作工资，征收个人所得税。

无论如何，如果有判断不了的支出时，建议一定要提前跟会计负责人或税务顾问商量："这是费用吗？要成为费用的注意点是什么？"

[①] 在我国会计准则中称为"业务招待费"。——编者注

第三节
"费用"和"不征税收入"的区别

除了费用,公司还有许多支出,叫法也五花八门,例如"不征税收入",应该许多人都听说过。不过如果在不跟钱打交道的部门,工作多年不知道也很正常。这次,我们就来好好学习理解一下吧!

会计课长:我说你们销售部也真是的,对收入那么敏感,怎么到了花钱的时候就都是糊涂账呢。真是头疼。

销售课长:喂我说,你这自言自语声也有点太大声了吧。

会计课长:啊,你听见了?

销售课长:确实,该管的地方不能不管,但是,什么成本啊、经费啊、不得列支什么的——同样都是支出,还分那么多种,处理起来太麻烦了。

会计课长:这怎么能嫌麻烦呢!如果大家管理不好各自部门的支出,最后就会成为会计的大麻烦。

老师:好了好了……我也很理解销售课长说的。但为什么要这样分类和定义,不直接接触会计账务的部门也必须了解。

第三章
懂会计思维才能更懂成本

 建议：注意费用和不得列支费用的区别

的确如大家所知，一般公司的进账有"营业额"和"利润"，而支出却分为"成本""营业外支出""费用""不征税收入"等许多种，十分复杂。

这里，就给大家讲讲费用和不征税收入。

先来讲一讲其中最基础的——"费用"。财务报表中一般用来体现公司业绩的是损益表。如果不按准确的会计项目名称细分，大致总结下来就是下面这个公式。

✓ **公式①：营业额 − 费用 = 利润**

要想提高公式①中的利润，"费用"和"营业额"同样重要。

前面讲过，营业额无法控制，但费用却可以控制。合理使用费用，将营业额最大化，这是企业经营的关键。

那么，这里所说的费用到底是什么呢？试着思考一下这种支出的分类吧。

1. 付款并接受了服务

如交通费、出差时的住宿费、与客户的应酬费用、通信费、房租、运费。

2. 付款并卖了东西

2.1 买的是金额不太大的东西

113

如办公用品费、图书费、消耗品费。

2.2 购买花费金额较大，能用若干年

如器具工具、机械设备、汽车、建筑物、土地。

10万日元是分水岭

在上文中，2.1 是用于业务的花销，所以是"费用"。

那么，邮票该算什么呢？邮票本身属于 2.1，但贴到信封上寄出去就属于 1，无论属于哪个，都是"费用"。

但是，到财政年度末，如果还有未使用的邮票，就算作收藏品算到资产里。所以，它有三副面孔，要特别注意一下。

区分 2.1 和 2.2 的重要性，主要看金额，标准就是 10 万日元。

例如，买了一台不到 10 万日元的电脑，这笔钱作为"消耗品费"或"工具器具使用费"这两个费用科目处理；如果是买了一台 10 万日元以上的电脑，就作为固定资产，算到"工具器具"这一科目中，经过 4 年后，作为费用（折旧费）进行会计处理。

固定资产和折旧我们后面再讲。

至于土地，不但金额大，也可以使用多年，经过数年也不会贬值，因此并不作为费用处理，而是始终作为固定资产计入负债表。

综上，"费用"就是为获得业务所需的服务和物品而花费的开支，除去计作固定资产的部分，加上折旧费，就是费用的全部了。

接下来，我们把公式①中的"费用"拆分为"主营业务成本"及"销售费用和管理费用"。

> ✓ 公式②：主营业务收入－主营业务成本－销售费用和管理费用＝利润

关于主营业务收入、销售费用和管理费用，已经在第一章中讲过。采购原料和生产商品所花的钱叫作"主营业务成本"，商品销售、公司管理所付的花销——人工成本、房租、销售费用、物流费等，被称为"销售费用和管理费用"。

如果公司是制造商，主营业务成本中包括"生产成本"，是指生产产品的必要费用，如原材料费、人工费、制造费用、外包费等。年终决算时，会出现一些处于生产过程中的"半成品"。这种情况较为复杂，我们略去不讲。

不征税收入和费用的区别

最后是"不征税收入"。这是公司税中的专有名词。如果将前文中的公式①替换成公司税中的说法，就会是下面这样。

> ✓ 公式③：收入总额—不征税收入＝所得

公司税规定，对最终的"所得"征收税款。公司说的

"主营业务收入"和公司税法中讲的"收入总额"，公司说的"费用"和公司税法中讲的"不征税收入"，其实是差不多的，只不过还各有些许不同，需要注意一下。

不征税收入与一般实际业务中所说的费用并不完全一致。作为费用进行会计核算的，公司税法中叫作计算不征税收入；不作为费用进行核算，需计入所得的，叫作不计算不征税收入。

在前面的问题中出现的应酬费等就属于不计算不征税收入的费用。

无法称为不征税收入的费用，即"不计算不征税收入"，意味着增加所得就等于增加税款，所以非常艰难。

但库存的折旧和准备金的计入、债权和股份的折旧，以及比税法规定的更早折旧等情况下，不算作不征税收入，这在会计实务中十分常见。

例如，在税法中，被公司认定为坏账之前，将费用判定为"明显无法回收"，尽早作为费用处理。

然而，这时它在税法上还没有被认定为费用，所以作为不计算不征税收入，加到所得（税法上的利润）里，这部分税金就会花费较多。

税法的标准是按照如何征收税款的角度和公平无误地征税这一观点制定的。

话虽如此，交通费等一次性的不计算不征税收入，只会产生税款，至于坏账的判定和折旧费的不计算不征税收入，只是早一点交了税，这部分税款早晚还会回来，在现金流上没有问题，所以不用担心。

怎么样，费用和不征税收入这两个科目，大家明白了吗？

如果主营业务收入和收入总额增加，那再好不过，但也希望大家也能有效利用成本和费用，尽量不要浪费。

第四节
公司的电脑算是费用还是折旧

我们来回顾一下折旧的基本知识！固定资产折旧费与费用不同，要经过几年折旧。这些知识大家好像懂，但又不完全懂。这次，我们就来好好学习一下吧！

年轻人：课长，最近我的电脑经常卡顿，可能差不多到使用年限了，可以换一台吗？

销售课长：哎哎，你说得轻巧。没赚多少，还要一个劲儿往外花，肯定要被经理埋怨。

年轻人：但是，电脑是必要的花销啊。应该没什么好顾虑的吧？

销售课长：确实。但是这不是费用，是折旧。

年轻人：啊？折旧是什么？

销售课长：这点知识都不懂，可是要挨会计骂的。我正忙着做月度决算，你去找老师问问吧。

 建议：学点实践中用得上的折旧知识

电脑经常卡顿可没法工作。

如果是平时使用不当，或是保管不善，那的确是自作自受。但若是超出了使用寿命，芯片的能力跟不上新系统和软件的自动更新，那就必须马上换掉。

因为公司大多是统一批量购置电脑，所以要查看同一时期购买的其他电脑的状态。

这个问题其实包括了两个小问题。一个是作为费用处理的钱和作为固定资产记录的钱有什么不一样，另一个就是固定资产折旧是什么。赶紧学起来吧！

符合费用的条件是不满 1 年且低于 10 万日元

"使用寿命不满 1 年"，且"购买所用金额不足 10 万日元"的物品，可以作为费用处理；而"使用寿命为 1 年以上"，且"购买所用金额超过 10 万日元"的物品，必须记为固定资产。

另外，负债表中计入固定资产的东西（建筑物、建筑物附属设备、工具器具、机械设备、车辆搬运用具、软件等），按使用年限分摊，计入费用。

这种分摊计入经费的方法，叫作折旧，分摊的经费，叫作折旧费。

顺便告诉大家，折旧的意思是物品的价值每年都会发生衰减。

在我看来，折旧起初是作为固定资产计入负债表的，但随着价值衰减，再作为经费回到利润表中。

那么，这个固定资产能用几年，也就是折旧费计算的前提——使用年限。这个年限与东西的质量、使用方法和使用环境有关，所以不能一概定成5年或10年。

因此，日本国税局发表了一个"资产使用年限表"，规定了各种资产"能用多少年"。例如，它规定了钢筋混凝土（办公用）建筑的使用年限为50年，小型汽车为4年，普通乘用车为6年等。

推荐两种计算方法

折旧的方法一般有定率法和定额法两种。定率法是指按照一定比例计算价值衰减的方法，计算公式如下：

> ✓ 购入的第一年：购入金额 × 定率法规定的折旧率 = 折旧费
> 第二年起：期首账上金额（未折旧额）× 定率法规定的折旧率 = 折旧费

第一年以定好的比率乘以购入金额来计算。从第二年起，以购入金额减去第一年的折旧费后（期首账上金额，也就是未折旧的余额）再乘以折旧率计算。

次年后，重复这一计算。第一年折旧费的金额最多，之后逐年递减。

假设购入固定资产的金额为100万日元，使用年限为5年，100万日元 × 40%=40万日元。折旧率40%适用于2012年4月

1日以后购入的固定资产折旧。

细节此处略去不讲，但请一定注意，使用年限比较长的固定资产，实际在折旧期间计算折旧费时，需要进行非常复杂的计算。

定额法中，价值的衰减额度是由使用年限决定的，因此每年的折旧费都是同等金额。

购入金额除以使用年限这种计算的逻辑虽然没有问题，但会产生零头，比较麻烦，所以出现了定额法。计算公式如下：

> 购入金额 × 定额法的折旧率 = 折旧费

假设购入固定资产的金额为100万日元，使用年限为5年，折旧费为100万日元×20%=20万日元。每年的折旧费都是相同金额。有计划地制定折旧费，管理起来会更轻松。

公司税法决定的折旧方法如表3-1所示（2016年4月以后）。

表3-1 折旧方法表

资产的划分	法定折旧方法	可选择的折旧方法
建筑、建筑的附属设备、工事、软件等无形固定资产	定额法	定额法
机械设备、车辆等搬运工具、器具工具	定率法	定额法或定率法

如表 3-1 所示，不同的资产可以选择定率法或者定额法。如果不向税务局递交选择申请书，则只能使用法定折旧方法。

例如，不同种类的机械设备使用年限不同，但使用年限 10 年且购入金额为 200 万日元，按照定率法计算，折旧费是每年 40 万日元，按照定额法计算就是每年 20 万日元。

至于机械设备，大家可能会认为，从购置后投入使用开始，只要获得了利润，就尽早用定率法折旧。但其实，如果很长时间都无法获利，那么或许更适合使用定额法，设使用年限为 10 年，每年以同样金额进行折旧。

大家大致理解折旧了吧？还是一知半解也没关系，只要能记住，将来保准可以在工作中应对自如。

上面讲的都是新物品的固定资产折旧，如果购入的是二手货，那么可以参照后文中的计算方法。

第五节
为何老板可以花公司的费用坐奔驰

当了老板就可以坐奔驰汽车。不知从什么时候起,坐奔驰替代了坐皇冠汽车,成了不少经营者的梦想。如果只是单纯的憧憬,那任凭你天马行空。但若是从有利于公司经营的角度来说,那就是另一回事了。请大家认真思考,是哪方面有利,又是如何有利的呢?

年轻人:课长,最近不是说在削减经费嘛,而且鼓励极度节俭,能省则省,那老板的车(公司用车)不包括在内吗?好像是又换了一辆吧?

销售课长:你是说那辆新买的奔驰吧?

年轻人:虽说是他自己开的公司,但只有老板一个人这么奢侈,也太不公平了吧!

销售课长:不过,这是一种节税的方法呢!因为前不久公司接到了一笔很大的订单,我们终于也有了一大笔利润。

年轻人:为什么买豪车就能节税呢?这个机制总觉得怪怪的。是钻什么法律的空子吗?

老师:钻空子可不太安全,但我也理解你觉得奇怪的感觉。我来给你讲讲吧。

建议：可以节税，但效果没有想象中好

我对车的型号没有什么要求，我认为无论什么车，只要能舒适地移动就可以。但是奔驰汽车在世人眼里是豪车，或者说属于奢侈品级的汽车，只要是一定程度上成功的老板或是有钱人都想拥有一辆。

不过，最近想买车的年轻人好像变少了。2018年日本国内全年销量最好的汽车，从第一到第三都是轻型汽车，从这件事也能大致感觉出来，想要有一辆豪华车的人正在减少。但从2018年日本国内新车（进口车）销量来看，奔驰汽车连续四年排在首位。

前提大致就是这样。这次的话题是"节税"。那么我们先来讲一下什么是节税。

二手车比新车的效果更好

一般来说，公司只要产生利润（公司税法中称为"所得"），就要按照一定比例缴纳企业法人税。

基于企业的利润（所得）缴纳的税款有很多种，包括法人税、法人住民税、法人事业税、特别税等。根据利润的金额大小不同，征收比例不同，但大多是按照利润的20%~33%进行征税的。

假如利润为3000万日元，就要支付900万日元的税款，剩余（税后利润）2100万日元。

公司要成长壮大，必须持续创造利润，结果就是要不断缴税。也就是说，利润与税金息息相关。

税收是用于维持国家和地方公共团体的制度，但作为企业经营者，交完很多税，却并不能立刻看到任何对于社会的直接回报。

所以，临近决算年度末，公司一旦产生利润，经营者为了减少利润，反而会比平时花费更多的费用。这个行为是在"节约税款"，叫作"节税"。

这个时候奔驰汽车就登场了。在前面的提问中，年轻人提到换了"新奔驰"，实际上据说选择二手奔驰汽车的案例更多。那么，我们的讲解就也以二手奔驰汽车为例。

其实，我跟一位总经理有过一段下面的对话。

"公司创业以来经过12年的努力，这一季利润终于要比去年增加了五成。之前我坐的都是和销售员一样的国产面包车，这次为了奖励自己，我毅然决定买一辆二手奔驰汽车。"

当我问到"为什么要买二手奔驰"时，总经理说："我和二手经销商聊过，对方说，比起高价的奔驰，二手车也更便宜，而且折旧费也比新车要多，可以省税。从显示的数字来看，确实是这样。"

听完之后我答道："二手车啊，可能确实有节税的效果，但实际上过了使用年限之后的现金流会是什么样的，是不是真的划算，最好还是好好考虑一下。"

虽说划算，但这种程度……

我在这里解释一下我那样回答的意思。

该公司的决算期是3月，在1月中旬对3月期末的结算进行了预测，结果显示，该公司将产生4200万日元左右的税前利润，大大超过上一年度的利润。销售用的车很破旧了，总经理对此颇为很在意，就想买300万日元左右的二手奔驰汽车，于是去了经销店。

如果是新车，要花6年时间折旧，但因为是二手车，就要预估"还能用多少年"，然后按其使用年限进行折旧。如果你买一辆注册登记3年的车，公司税法的详细计算公式我就不讲了，但你可以在3年内完成折旧。

如果是300万日元的新车，采用定率法折旧只能计提约100万日元的折旧费（①），如果是注册登记3年的二手车，则可以计提约200万日元的折旧费（②），如果税率为30%，那么将"节税"30万日元（③）。

但是，因为是1月份买的，所以到决算期末还有3个月。3个月的折旧费算下来大约有50万日元。虽说已注册登记3年，但还能再开5~6年，所以我认为还是值300万日元的。

① 300万日元×6年定率法折旧率33.3%=99.9万日元

② 300万日元×3年定率法折旧率66.7%=200.1万日元

③ 经费增量（200.1万日元–99.9万日元）×税率30%=30.06万日元

这里我们比较一下以下两种情况的盈亏情况（见表3-2）。

表3-2 盈亏比较表

单位：万日元

① 未买车直接缴税	
税前利润	4200
税款（30%）	-1260
税后利润	2940
② 购买300万日元汽车	
税前利润	4200
费用（折旧费）	-50
再计（税前利润）	4150
税款（30%）	-1245
税后利润	2905

两种情况下的税金相比之下，②的情况似乎只节省了15万日元（1260-1245万日元）税款，但如果看现金流（现金存取款情况），情况就变了。

如果考虑有多少现金流出，①是1260万日元的税款支出，②是汽车的300万日元的支出和税金的1245万日元，共计1545万日元的支出。

虽然角度各有不同，但可以说，情况②虽说支出多达285万日元（1545-1260万日元），但节税效果只有15万日元。

如果确实支出了300万日元，在期初的4月份买车，费用有200万日元的话，节税效果可能会很大，但由于只是50万日元的费用（折旧费），所以效果并不是很好。而且即使还能再开5~6年，今后的修理费、车检费、燃油费等保养费用也不会太低。

如果换成二手奔驰碰巧是在1月份,那就没有问题了,但如果是为了节税而购买的,我想是无法达到预期效果的。

应将税收视为提高销售和利润的合理费用。

像这样,想要节税最终却没有效果的花钱方式,与"有效地利用费用来提高销售额,提高利润,获得更多的现金剩余"这种会计思维,以及公司的成长和发展背道而驰。对于一分一秒也不能浪费的经营者来说,难道这不是浪费时间吗?

第六节
如果想请客户降低成本

如果销售额上不去，就只能削减成本，但是仅靠削减公司内部的经费十分有限。如何才能让客户也参与进来，实现成本的大幅下降呢？用会计思维去思考，答案就清晰明了了。

营业课长：最近，从 A 公司进货的成本稍微涨了一点呀。

年轻人：又被会计说了吗？

营业课长：不是，是老板跟我说要降低成本。可对方是我们要长期合作的客户，所以不好开口啊。

老板：课长，前几天说的事怎么样了？A 公司以前对我也很照顾，所以尽量在不伤感情的前提下，把成本降低一点。

营业课长：好……可话说回来，这不好办啊。啊，老师！

老师：这种情况，可以增加订货数量，降低每件的单价，或者让它们改良生产线，怎么样？

营业课长：这样的话，不用勉强对方也可以实现降低成本了。我会和采购部门商量一下。

老师：除了技术层面，也可以从会计的角度去降低成本。让我们来看看，还有什么能节约的成本吧。

建议：对对方有好处的方案容易成功

首先，介绍一下某公司（A公司）削减成本的事例吧。

A公司从B公司进货。

B公司用大量的广告费来宣传那个商品。当然，这些钱也会摊到进价里。再加上如果卖不出去还会造成废弃损失，成本就会越来越高。

A公司想通过降低进货价来降低成本，如果只是单纯恳求对方降价，对方恐怕也不会听。因此，我提出了这样一个方案。

"把一定数量的商品100%买断，卖不完也不退货。"

如果A公司愿意把全部商品全部卖完，那么B公司就不用承担广告宣传费和废弃损失了。也就是说，B公司可以将这部分经费压得很低。这样一来，就避免了单方面勉强对方降低成本，而是形成了双方互惠共赢的关系。在这样的基础上谈判将更有可能取得成功。

当然，这个案例中有个条件是"采购一定量的商品"，这可不是一个中小企业可以轻松处理的量，所以这个例子并不适用于所有公司。但是，站在谈判对象公司的立场上商量对策，这多少还是有些值得参考的部分的。

公司的浪费比想象中更多

再介绍一个削减成本的成功案例。

首先这家公司分析了自己两年来所有的采购数据。

采购数据不仅包括原材料的采购金额，还包含辅料和间接材料的采购，从器械到办公用品、费用支付的所有采购数据。这些数据记录了采购地点、物品名称、单价、数量、金额、申请采购的部门。

通过对这些数据进行分类汇总，我们发现了下面这些节约成本的线索：

- 发现各事务所从不同商家购买同类物品。通过在同一商家处统一订货，增加购买数量，增加购买力，可降低成本。
- 发现各事务所从不同的商家以不同的单价购买了同种物品。通过集中到价格最低的商家，可降低成本。
- 发现购买物品的时间不固定，波动相当大。例如，本周需要这个零件的时候匆忙下单，使用"特快专递"，导致单价变高。如果是这样的话，订单量增加，可能使库存消化周期变长，但如果能根据预测的全年需求量进行统一订购，那么零件的单价就可以降低。

从这两个成功案例可以看出，公司不是单纯地要求降低成本，而是在考虑对方利益的同时，计算成本和订货的方法等。像这样重新审视过去的做法，就一定能找到突破口。

打破惯例去思考

例如，如果你要重新评估生产过程和原材料，可以从外面聘请制造方面的专业人员对工程和原材料的使用方法进行说明。

关于货品的包装外形，也有这样的例子。

以前工厂发货时是20个一箱，但货到了我们公司后，要重新分装成8个一箱销售。

后来公司从工厂发货的时候就改成8个1箱，这样一来就降低了成本。

关于配送方法，一直以来常用的方法是不同行业向同一个销售店（便利店等）共同配送，但是最近竞争企业之间的共同配送，或者出发的时候是送A公司的货物，回程时配送竞争对手B公司的货物，这种情况也屡见不鲜。所以打破惯性思考很重要。

最后，我说一个非常重要的点。

那就是盘点所有员工的工作，停止无用的业务，改善效率低、效果差的业务。这样的业务改善项目要与降低成本项目同时配套进行。

关于过去支出的所有经费和成本，

"如果不再支出会怎样？"

"减少数量会怎样？"

"换别的东西会怎样？"

"改变支付时间会怎样？"

一边提出问题，一边探讨。

虽然过程很辛苦，但不气馁、不断尝试所有可能性十分重要。

读者朋友们，请试着向公司提议这个项目吧！

第三章
懂会计思维才能更懂成本

第七节
谁来决定金额的表示方法

第三章的最后，我们来讲一讲金额的表示法。会计思维是用数字来思考的思维方式，但是数字的单位不能五花八门。我想应该很多人都有同感。让我们来思考一下这个问题吧！

年轻人：课长，说起来，我突然想到，营业部里使用的资料，以万日元为单位的比较多吧。

销售课长：那怎么了？销售目标也都是以万日元为单位啊。

年轻人：但是前几天，我交给会计的销售相关资料，跟往常一样写的是万日元单位，结果让我改成千日元单位……我又重新交了一份。

销售课长：确实，我也被这么说过来着。可是话说回来，为什么非要改成平时不用的千日元单位，有什么理由呢？我们去问问老师吧！

 建议：用千日元单位还是万日元单位，要做整体思考

有时能听到销售人员这样的抱怨：

"销售部平时用的资料都是以万日元为单位的，会计部的发票和报销申请上的金额却一定要每三位数一节分开，要么就几乎都是以千日元为单位。提交给会计部的文件上，经常因为写错数字的位数而被训斥。除了麻烦费事，一点儿好处没有，真希望能给解决一下……"

用阿拉伯数字表示金额时，为什么要三位一节呢？你们知道会计部门内部的资料为什么不以万日元为单位，而是以千日元为单位吗？答案是下面这样的。

数字的表示方法为何西方化

在回答数字表示方法为何西方化之前，我们先来看看关于阿拉伯数字、英语表示法和日语表示法有哪些不同吧。

例如，21.8万日元在英语中是 two hundred eighteen thousand yen。也就是表示有218个千，以"千"为单位。

这个数字用日语表示是二十一万八千日元，表示有21个万和8个千，基本以"万"为单位。

英文十进制数字的数位从一到十、百、千之后每三位一个单位，依次是百万、十亿和万亿。而日本自古以来的计数习惯是采用十进制，数位从"一"开始，之后是"十"，然后是"百""千""万"，之后每四位数一个单位，"亿""万亿"。且中间的这四位数，还是使用个、十、百、千位计数，依次为一万日元、十万日元、百万日元、千万日元，以此类推。而且，数字的汉字表示方法在古代一般也是用汉字竖写。

第三章
懂会计思维才能更懂成本

英语表示法引进日本后，文章使用横写的情况越来越多，同时也开始将阿拉伯数字以三位数分隔，加上","。

不过，至今为止的数位（特别是金额）名称仍然保留。就像房间的日式榻榻米虽然改成了西式的木地板，但人们还是会在玄关脱了鞋子再进去，这可能是也是和魂洋才[①]的一种吧。

把金额分隔成每三位一节，是因为数字标记的"西化"，是一种文化交流的产物结果。

三位递进的英文表示和四位递进的日文表示，最初一致的单位是3和4的最小公倍数——第12位，也就是"万亿"。会用到这个单位的，只有部分大企业和国家预算。

顺便一提，长度和面积的单位，自古以来在日本使用尺贯法，长度为"尺"，重量为"贯"，面积为"步"或"坪"，体积为"升"。

自1966年计量法实行规则颁布以来，米、千克、平方米和立方米等单位几乎被强制使用。如今"米"单位现已被世界各国采用，成为全球标准。

但是，在日本，现在仍有一些地方使用以前的单位，比如米饭是1合[②]，面包是1斤，酒是1升，土地的面积是1坪[③]，等等。

[①] 日本明治维新时期的一种思潮，即只接受洋学中的实际知识和应用技术，而摒弃其理论和精神方面的内容。"和魂"，即东洋道德。"洋才"，即西洋艺术。——编者注

[②] 1合约为180毫升。——编者注

[③] 1坪约等于3.3平方米。——编者注

这可能是因为不同场景下，单位的使用习惯有所不同。

资料以"千日元"为单位的规则

会计和财务使用的文件，比如决算报表、账单、费用结算单等，通常会将金额每3位数用千位符号隔开，文件大多以千日元和百万日元为单位。特别是决算报表一般以千日元为单位。银行相关的文件也遵循每三位数一个千位符号的原则。然而，在很多公司中，销售人员使用的管理资料依然以万日元为单位。这主要是因为销售人员的销售目标和任务额都是以万日元为单位的，这更便于理解和操作。但长此以往，会影响部门之间的沟通，或者有可能出现错误，影响到对外公布（或提交）的资料。那么，像计量法实行规则一样，**强制性规定"公司内部的资料必须以千日元为单位"**怎么样？

无论如何，不管是什么资料，一定要确认"单位"，并在资料上注明"单位：千日元"或"单位：万元"，这很重要。

第四章
用会计思维读财务报表

本章是文科脑和"财报恐惧症患者"的福音!只要掌握会计思维,就能顺利读懂决算报表。下面我们就来讲一讲决算报表的阅读方法和应用,工作中一定可以用到,快来看看吧!

第一节
阅读决算报表的基本方法

"连决算报表都看不懂怎么办?"应该有很多人都这么想着,却一直没有机会学。希望大家能借此机会系统学习并理解。那么就先从基础中的基础开始吧!

老板:对了,销售课长,你能读懂决算报表吗?

课长:呃,勉强懂吧……

老板:怎么听着你心里没底呢?勉强看懂的话,不就跟年轻职员没什么区别了嘛。无论是分析客户公司,还是透彻理解自己公司的经营状况,都要用到决算报表的知识。还是向老师好好请教一下阅读方法比较好。

课长:你说得对,我也想借此机会好好地掌握一下。但是……我工作也很多,可不可以不全学,只掌握要点呢?对你提出这样任性的要求,真是不好意思……

 建议:了解决算报表就能了解公司

很抱歉,我不能像大家期待的那样,轻易地说"决算报表读到这里就可以了"。

大家好像都很困惑，所以关于决算报表，我就简单讲一讲。大家达到能"大概了解"或者"大概读懂"的程度就可以了。

其实，第一章至第三章主要讨论了决算报表中"损益表"（PL）的相关内容。

那是因为，我认为选取大家最熟悉的损益表相关的内容，能帮助大家更好地理解会计思维。

但公司的决算报告中除了损益表之外，还有两张表——资产负债表（Balance Sheet，BS）和现金流量表（Cash Flow statement，CF）。不理解它们，就无法准确理解经营状况。

这三个表相辅相成，我们也必须注意它们之间的联系。

资产负债表的两层含义

那么我们先来解释一下决算报表到底是为什么而存在的。

决算报表，也可说是公司的**体检报告**。就像我们一年一度的体检，从体重到身高、心电图等，检查各种各样的项目，判断是否有疾病以及生活习惯病的征兆等。公司也会定期接受这样的检查。

与上年相比，销售额和利润发生了怎样的变化，负债是否增加，有没有破产的征兆，等等。将调查结果汇总成决算报告，并据此制定对策。

了解公司的"现在"，成为制定面向"未来"战略的重要判断材料，这就是财报。

三个财务报表中，关于损益表(PL)，我们在第二章第二节进行了详细介绍，请参考那一部分。

我们来讲讲剩下的"**资产负债表（BS）**"和"**现金流量表（CF）**"。

首先，关于资产负债表，请看表4-1。表分为左侧（称为借方）和右侧（称为贷方），左侧的总和和右侧的总和一定是一致的。

表4-1 资产负债表

资产	负债
	所有者权益

左侧表示作为正资产的资产（包括债权），右侧表示作为负资产的负债（包括债务），以及资产与负债的差额——所有者权益（包括资本和未分配利润）。

这个表显示了截至结算年度末，你拥有多少资产（财产）和负债（负资产），以及二者的差额——所有者权益。

也可以有其他的理解方式，见表4-2。左侧显示了资金从哪来——即租入资产和自有资产，右侧显示了资金的用途。

净资产多的公司就稳定吗

接下来，我们来了解一下决算报表中的各个项目。

首先，**资产分为流动资产和固定资产。**

流动资产包括一年以内可以变现的现金存款、应收账款、应收票据、有价证券和存货（如商品和产品等，也称为库存）。

资产负债表的两层含义

①弄清楚有多少正资产（资产）、负资产（负债）及其差额（所有者权益）

②弄清楚资金的来源（租入资本和自有资产）和用途（见表4-2）。

表4-2 资产来源及用途

用途	来源
资产	租入资产
	自有资产

表示左侧花出去的钱——资产，它是从别处借来的，还是自己出资或是积累利润形成的"自有资产"。

另外，固定资产包括土地、建筑物、机械设备、工具器具等有形固定资产（有实体，所以称为有形资产），商标、专利、软件等无形固定资产（无实体，所以称为无形资产），以及投资和其他资产，如投资有价证券和长期贷款等。

然后，负债分为流动负债和长期负债。

流动负债包括应付票据、应付账款、短期借款和未付款等一年内必须支付（必须偿还）的债务。

长期负债包括超过一年、有偿还义务的债务，如长期借款、公司债券和退休金准备金等。

最后是所有者权益。它表示的是资产和负债之间的差额。

所有者权益是公司设立时的注册资本，加上增加投资的金额，或当年净利润支付分红后的余额等。损益表和资产负债表与利润这部分紧密相关。

我想，大家已经注意到了，所有者权益金额大的公司，由于公司自己不断积累利润，财务状况也比较稳定。

在大致了解了资产负债表的内容之后，我们来列举4个理解资产负债表时的要点。

资产负债表的阅读方法1

请注意流动资产最上面写的"现金存款"金额。

首先，用现金存款金额除以一个月的营业额（一个月的营业额可以用损益表中一年的销售额除以12得出）。计算得出的数字称为现金周转期或手头流动性。

例如，现金存款为2500万日元，营业额为6亿日元，那么平均每月营业额为5000万日元。现金周转期就是2500万日元÷5000万日元=0.5个月。

那么，该如何判断0.5个月这个数字是大还是小呢？在这种情况下，假设碰巧某个月营业额为0，那么现金存款就会被全部用完。所以，可以认为，现金周转期至少要留出1个月以上。

支票，库存，负债……越多越麻烦

资产负债表的阅读方法2

请注意流动资产中"应收票据"和"应收账款"的金额。

这两项统称为"应收债权"，这个金额除以上面算出的一个月的营业额，得出的数字称为应收债权周转期。

例如，假设应收票据为8000万日元，应收账款为1.3亿日元，营业额为6亿日元，那么应收债权周转期为（8000万日元+1.3亿日元）÷6亿日元×12个月=4个月。这个4个月，又该如何评价呢？

假设这家公司的营业收入是"月末结算，次月末以现金转账30%；以月末结算的次月末起以有效期60天的（①）支票支付70%"，那么正常的应收债权周转期应该为2.2～2.7个月，所以，我们可以认为4.2个月太长了。

该应收债权中一定包含了9000万日元~6500万日元左右的无法收回的坏账（②）。也就是说，存在不能按照约定支付的不良债权。

①有效期是指支票签发日至付款日期的天数

②（4-2.2）×5000万日元=9000万日元

（4-2.7）×5000万日元=6500万日元

资产负债表的阅读方法3

请注意流动资产中列出的商品、产品、半成品、原材料等"存货"的金额。

存货通常称为库存。用这个存货的总额除以一个月的营业成本（一个月的营业成本按照损益表中的年营业成本除以12计算得出），得出的数字称为存货周转天数。

例如，假设存货总额为1.7亿日元，营业成本为3.8亿日元，那么平均每个月的营业成本为3167万日元，因此存货周转天数为5.37个月。这个结果如何呢？

这个数值明显很长。我想应该是有很多卖不掉的库存吧。

如果这些库存将来也没有希望卖出去，就不得不废弃。库存是钱变的，不能卖出去换成钱，现金就绝对不会增加。

因此，存货周转天数越少越好。虽然不同行业、业态会有差别，但优质企业的存货周转天数一般在1~2个月以内。有的上市公司周转天数不超过半个月（两周）。

存货周转期较长的行业有家具零售店、贵金属店和鞋店等。假设该公司理想的存货周转天数为2.5个月，那么1.7亿日元的存货中，9089万日元[（5.37–2.5）×3167万日元]都是滞留的存货。

如果其中一半是不良库存，无法销售，那么将会产生大约4500万日元的损失。由此可见，存货周转天数是关系到公司兴衰的大事。

资产负债表的阅读方法4

请注意比较必须偿还的"负债"与"所有者权益"或"自有资本"（资本和利润的积累）的金额。

假设这里有两家公司，它们的资产金额差不多。A公司的银行贷款较多，也就是负债占比较多，B公司所有者权益金额占比较多（见表4–3）。

A公司是用早晚要偿还的负债（债务）购买了很多资产，而B公司逐年积累利润，所有者权益的比例较高，并且用所有者权益（自有资本）购买更多的资产。所以，可以肯定的是，B公司的财务状况更健康。

表 4-3 到底哪家公司财务状况更健康

A 公司		B 公司	
资产	负债	资产	负债
	所有者权益		所有者权益

所有者权益除以总资产的比率称为所有者权益比率，低于 20% 以下的会有风险，建议把 30% 以上作为及格线比较好。

用现金流量表检查现金的出入

接下来是关于另一份报表——现金流量表（CF）的内容。

现金流量表显示了一年中现金收入和现金支出的情况，以及现金增减的具体原因和金额。

现金流量表分为"销售现金流量表""投资现金流量表"和"财务现金流量表"部分，最终得出年度末的现金存款余额。从损益表里的税前利润部分开始，一边列出资金往来与损益表的变动不一致的原因，一边进行调整。

- **销售现金流量表**——显示现金营业额（+）、应收账款和支票的回收（+）、现金进货（−）、支票的遗漏（支付）（−）、工资等的支付（−）等业务本身的资金增减。
- **投资现金流量表**——表示出售股票收入（+）、购买土地（−）、建筑物建设（−）等与投资相关的资金的增减。

- 财务现金流量表——表示银行借款（+）、股票发行（+）、贷款偿还（-）、股息支付（-）等与财务活动有关的资金的增减。

销售现金流量表和投资现金流量表的总和被称为自由现金流，如果其为正值，则说明在业务经营中正常产出了现金。

即使是快速成长的公司，如果自由现金流为负值，也要引起警惕，因为这意味着企业将从外部筹集资金以开展业务。如果自由现金流连年都是负的，那么财务状况将陷入危机。

顺便一提，现金流量表的制作方法比较烦琐，中小企业建议用"资金周转计划表"代替现金流量表来管理现金流动。

资金周转计划表是将资金流动分为"业务收支"和"财务收支"两部分，并根据损益表各科目的数值预测资金的流动。

- 业务收支——由"业务收入"减去"业务支出"计算得出。

"业务收入"是指通常经由主营业务获得的现金收入，包括现金营业额、应收账款回收、应收票据收款和其他现金收入。

"业务支出"是指经营活动中一般性经常支付的现金支出，包括现金采购、应付票据的结算、人工成本支付、外包费用支付、费用现金支付、设备投资现金支付、税金等的支付和利息支出。

- 财务收支——由"财务收入"减去"财务支出"计算得出。

与每月的"业务收支"的计算结果不同，财务收支写的是在财务上采取怎样的措施，写上对应方案。

如果业务收支为负，资金不足，就会讨论从银行贷款，或者采取增资、发行公司债券等方案，并将此记入"财务收入"一栏。

反之，如果为正值，就说明有可能提前偿还贷款，这就可以与通常的待还金额一并记入"财务支出"栏。

如此，最后以上月末现金存款余额加上业务收支和财务收支，可算出当月末的现金存款余额，且一年12个月每月重复上述操作。

资金周转计划表在过了计划的月份后，要重新制作下个月以后的计划表，不过也可以在同一表上留下3个月的实际业绩，制作"资金周转业绩及计划表"。

对资金链的担忧是企业经营者和会计负责人最大的压力来源。为了尽量降低风险，每个月都应该及时制订资金周转计划表。

说了这么多，你是否已经对资产负债表和现金流量表有了一个大概的了解呢？

简单复习一下，损益表表示"赚了多少钱"，资产负债表表示"拥有什么正负资产"，现金流量表表示"现金收入和支出的情况"。

制订资金周转计划表代替现金流量表，切实制订每个月的资金周转计划也很重要。

第二节
哪个经营指标最重要

在会计中，关键性经营指标层出不穷。本书也讲解了主营业务收入等各种指标。但是，大家一般很难记住所有的指标，只关注跟自己有关的指标。所以我们来向老师请教一下，到底哪个指标最值得关注呢？

老板：哎哟，销售课长，今天又加班到这么晚啊！

课长：是啊，销售业绩怎么也上不去，正发愁该怎么办呢。

老板：眼下的数字固然重要，但是只盯着这个数字闷头算账也行不通。如果不能俯瞰全局，今后很难上一个台阶的。

课长：这……（话说，学习后能让我升职当部长？）

老板：从不同的视角来看公司的数据，对事物的看法应该会有所改变。不如向老师请教一下如何？

课长：好的。（说到底，这是让我去问老师啊。老板你倒是偶尔也教教我呀……）

建议：为什么选择资产收益率

我觉得大家都在努力做好自己分内的工作，每次都努力选择最合适、最合理的方案。但是，这种"最合适"可能只是对自己部门而言的合适，未必是对于整体、对于全公司最合适的方案。

你是否有过这样的经历：自以为是为了公司好而采取的行动，实际上却只有自己部门受益，拖了其他部门的后腿。

这就是本末倒置了。因此，我们要站在更高的位置，俯瞰全公司，从经营者的角度分析数据，采取行动。对此很有帮助的就是财务分析。

开阔视野，形成俯瞰整个公司的习惯

财务分析使用的是财务报表上的数字。在分析公司的财务状况和损益情况时，使用三份决算报表中与损益表和资产负债表相关的指标进行诊断是很有效的。

在这里，我们介绍一种使用"资产收益率(ROA)"的分析方法。

顺便说一下，所有者权益收益率（ROE）也很重要，但它是一个适用于拥有一定自有资本的大型公司的指标，所以我们这里只讨论适用于更多公司的资产收益率。

下面介绍一下资产收益率。

所有者权益收益率＝当期利润÷自有资本（净资产）×100（％）

资产收益率＝当期利润÷总资产×100（％）

这个公式表示投入业务的总资产（总资本）是否有效用于创造利润的指标。这显示的是包括借款等负债在内，总共投入了多少资产，税后赚了多少钱。

这个数值如果过低，就说明放弃该业务，转而去投资收益高的的有价证券比较好。

也称为当期总资本利润率，目前的标准是1％以上。

这个指标可以拆分如下：

资产收益率＝本年度利润率（％）×总资产周转率（次）

（本年度利润率＝本年度利润÷主营业务收入）

[总资产周转率＝主营业务收入÷总资产（总资本）]

例如，利润率为0.8％，总资产周转率为1.5次，则资产收益率为1.2％。

拆解的意义是了解怎样才能提高资产收益率。这个拆分公式表明，相对于营业额，提高（毛利、营业利润等各个环节的）利润率十分重要。我们要努力使营业额比投入的总资产金额多很多倍，也就是提高总资产的周转率。

> 下一年度，我们将以"选择和集中"为方针，集中投资成长领域，提高盈利能力，退出增长缓慢的领域，在控制总资产金额的同时，提高收益率，使公司的运营更加稳健有力。

这份公告就是从我们刚才提到的资产收益率（包括省略的所有者权益收益率）出发的，也是站在公司整体的角度进行经营判断。

经营没有正确答案，有些业务领域必须要历经挑战才能开拓。经营环境也瞬息万变，必须经常试错。但如果经过了5~6年的努力都没有成果，就需要考虑在某些方面做出放弃的决策。

经营者必须时刻反省，自己有没有做到设问中所说的有利于整体的最优决策。另外，一线员工也不能只追求本部门的利益。如果能从大局观出发做出客观的判断，整个集体将会成长为一个强大的组织。

课长先生，你理解了吗？

第三节
哪些情况适合借钱，哪些不适合

销售额上不去，现金不足，或者为了进行新的投资需要更多现金。在这种情况下，公司就需要借钱来应对。但是，如果明明没把握能还清还不断借钱的话，员工会十分担心。让我们来好好了解一下适合与不适合借钱的不同情况吧！

课长：老板，听会计那边的同事说，最近贷款增加了啊。公司没事吧？

老板：喂，连身为课长的你对数字的理解都只有这种水平的话，我可很为难啊。这种借款，属于积极的借款。

课长：这属于前期投资吗？确实也有这样的借款，但说积极也很有限吧？实际上，借款借到什么程度就不太好了呢？

老板：要问有没有明确的标准，我也说不好……但不说清楚恐怕你也不会放心，要不你去问问老师吧。

课长：（总觉得老板自己也没搞懂呢）好，关于什么是积极的借款，我去问问老师。

建议：有没有用会计思维做"计划"

正如大家所想象的，"积极的借款"是指企业为了发展所必需的借入，用于投资优秀的人才和产品。如果能将其尽量快、尽量多地收回这些投资，企业就可以不断成长。一旦这个循环中断，公司就会停止发展。用于企业良性循环成长的借款是积极的，而用于其他目的，例如用于筹集与业务无关的娱乐费用，或用于偿还其他债务的借款则是消极的。

不过，在新建工厂或开设新店铺时，有时仅靠自己的资金无法周转，这种情况下即使不一定会带来增长，但我们也可能会从银行借款，补足周转资金（将在后面的章节解释），这也是一种积极的借款。

除了借款，还有通过增资、发行公司债券获得资金等方案。但由于现在利率低，利用经济杠杆从金融机构借款的间接融资会是一条捷径。

在个人生活里，应尽量不去借钱，但企业经营就不一定了。在第四章的第一节中，我们讲过所有者权益比率（自有资本率）越高，即所有者权益中负债的比率越低，财务状况越健康。但过于高了也不好，因为自有资本比率过高，达到70%或80%的话，企业会想保持下去，因而不太愿意借钱，只用自有资本投资，这样业务就不太可能有大的发展。

借钱的理由明确吗

那么，无论借款的目的有多积极，也不是说只要银行愿意借就行。银行也是做生意的，对于有一定信誉的公司，会放宽审查标准，多放一些贷款。

因此，我只说两个为投资设备而借款时的注意事项。

第一个注意点是：没有可以还款的计划和把握绝不借钱。前面讲过，公司必须制作资金周转计划表，定好预计还款的具体日期。

不过，到底有没有必要借钱进行设备投资，这要事先做好经营计划才能决定。通过投资设备，公司会有怎样的发展，需要制定一年后、三年后的经营计划。

具体来说，企业要有一年内的短期经营计划和三年内的中期经营计划。在设备投资的投资回收期较长的情况下，我们建议制订五年以上的长期经营计划。

说句题外话，在公司里职位越高的人，用在为下属处理失误上的时间越多。善后工作既费时又费钱，那为什么还是不得不善后呢？

原因就是自己和下属准备得不够充分。

只要制订计划，做好充分准备，应该就不会出问题。我认为经营计划也是一样的。

那么，刚才说的短期经营计划也称为预算，要做一年的损益表、一年后的资产负债表和一年的资金周转计划表。实务中可能几乎没有做一年后资产负债表的案例，但我还是建议大家一定要做。

比起肥胖的身体，肌肉发达的身体对今后的成长更有利。做资产负债表也是为了预测一年后的企业的"身体"状况。

为了建立一年后的资产负债表，必须预测一年后的应收债权余额、库存余额、应付债务余额、借款余额和现金存款余额。前三项可以通过计算各自的周转周期来预测，借款余额和现金存款余额也可以通过制作资金周转计划表得出。请各位读者一定做做看。

失败的老板通常缺乏会计思维

在借款投资设备时，第二个注意点是：明确偿还借款的来源是利润。没有利润，就无法偿还债务。

在第一个注意点中制订的经营计划必须是有利润的，并且能够在预定的还款日期内还清包括利息在内的全部贷款。但是，我希望大家能做到"借钱一定要还"这件理所当然的事，所以特别强调一下。

作为我工作的一部分，我参与了15年以上的中小企业重建扶持基金。因此，我遇到过很多公司都是在泡沫经济时期成功融资并新建了工厂，却未能实现借款时预想的增收。

这些公司几乎都申请破产了，并向银行请求免除债务（勾销欠款），同时将公司让渡给了其他赞助商。我每年都会遇到相当数量的失败案例，我一直在思考，为什么那么多总裁都不能正确预估未来的需求。

在银行人员的花言巧语下，可能有部分借款会比原订计划借得更多，但我们发现大多是因为老板缺乏经营管理能力，缺乏会计思维才导致了这种情况。

如果当初任用了有经营管理能力的管理层，应该也不会濒临破产了吧。无论是经营者、企业高管、社会中坚力量，还是年轻的读者们，我衷心希望你们不会出现这种情况。

把借来的钱像杠杆一样用来盈利，现金也增加了，成长为规模更大的公司——这本来就是借款的目的。因此，应该如前文所述，明确目的，制订详细的经营计划。

相反，如果这个预估不成立，就应该决心彻底不借钱。此外，还必须要有一个清醒的认识，那就是一旦借了钱，有利润时一定要还。

第四节
现金流与盈利破产的关系

应该不少人都听说过"盈利破产"这个词。为什么企业明明盈利却还是倒闭了，其中的关键就是现金流。为了判断贵公司的现金流是否正常，首先要了解现金流的基本知识。

课长：老板，关于下个月资金周转的预算，按这个数来怎么样？

老板：嗯……采购所需的资金有点太多了。这样的话手头的现金就会枯竭。我很担心。

课长：但是我们答应客户增加采购数量，并降低采购单价，所以采购成本没法再少了。

老板：关于成本和利润的计算确实没有问题，但是你没考虑到现金流，这点我很在意。

课长：现金流吗？手头的钱不够的话，不能借钱或者融资吗？

老板：融资很难，借款又有利息，万一不能从客户那里及时回收账款，就要去借更多的钱。

课长：这……也就是说，光是收支相抵还不够。那么我要赶紧去学习一下现金流。

建议:"账平了,钱不够"的恐怖世界

所谓现金流,直译过来就是"钱的流动"。

如果不能时常预测钱的进出状态再进行经营管理的话,就会发生可怕的事。

实际上,令人意外的是,相较于销售额增长缓慢的时候,销售额快速增长、商品畅销时期,资金消耗的速度会更快,很容易发生明明卖得很好,但是却因资金短缺而"盈利破产"的情况。

介绍一个盈利破产的真实案例

让我来解释为什么会盈利破产吧。

假设某公司年初(4月1日)的资产负债表如表4-4所示。之后的一年时间里,我们以单价80日元采购商品,完成付款后,我们再以150日元的价格把商品卖出去。但是,货款的回收延迟了,全部推迟到了下一年度。

如果一直这样,到临近年度末时,资产负债表将会如何体现?

年度末(3月31日)资产负债表如表4-5所示。

利润方面,虽然"营业额150日元"–"进货成本80日元"=70日元,但现金不但没有增加,反而因为支付了进货货款的80日元,从100日元减少到20日元。也就是"账平了,

会计思维
在职场中掌控全局

钱不够"的状态。

如果在350日元的负债中，在年度末日计划偿还贷款本金40日元，盈利破产就是"账平了，钱不够"的状态。

假设某公司财年初（4月1日）的资产负债表如下。

表4-4　年初资产负债表

单位：日元

现金 100	负债 350
固定资产 300	资本 50
合计 400	合计 400

注：一年里，我们以单价80日元采购商品，付款后，以150日元的价格把商品卖出去。但是，货款的回收发生延误，全部推迟到了下一年度。这样一直持续到年度末（3月31日），资产负债表将变成什么样？

表4-5　年初资产负债表

单位：日元

现金 20	负债 350
应收账款 150	资本 50
固定资产 300	利润 70
合计 470	合计 470

注：虽然会产生"营业额150"－"进货成本80"＝70日元的利润，但现金只剩20日元。如果计划在年度末日偿还350日元的负债中的贷款本金40日元，由于仅有现金20日元，资金将完全短缺（盈利破产）。

现金就只剩20日元，资金将完全短缺（盈利却倒闭）。

为什么会这样，是因为现在的企业会计遵循权责发生制原则——也就是与现金的出入无关，以有无交易事实为准记入会计账簿。在这个例子中，由于会根据"销售商品"这一交易记入账簿，所以即使有利润（账平了），现金依然不足（钱不够）。现在，你明白关注现金动态的重要性了吧。

如果现金存款比营运资金少……

因此，平时一定要做好营运资金的管理。营运资金是指维持业务（运转）的本钱。

有人把维持业务的经营比作正在"控制"车和机器的状态。营运资金可通过"应收账款＋库存－应付账款"的计算得出。

这将在财务报表的科目部分进行详细说明。

应收债权即"应收账款＋应收票据"，是指销售商品后应收回现金的债权。

以信用卡的方式出售商品后未回收债权，以及入驻购物中心、商场、百货公司等的营业额，暂时以"应收账款"进行会计处理的情况下，也属于应收债权。

库存是指"商品、产品、半成品、原材料、储藏品"等计划销售的商品，或者是在完成制造过程中的全部存货。

应付债务即"应付账款＋应付票据"，是指购买库存后应支付现金的债务。如果只把原材料和商品的采购作为应付账款处理，其他日用耗材的采购作为"待支付账款"处理，次月支付的外包费用作为"待摊费用"处理，那么这些也应纳入应付债务。

再说明白一点就是"营运资金是指近期即将变现的金额减去近期将支出的金额后剩余的钱"，可用月度决算报表中显示的每个月末的三个科目的余额来计算。

请参考下面的表4-6。

总而言之，在营运资金每月不断膨胀（正）的状态下，可用现金存款的余额来填补其金额，但如表所示，如果出现金额不足而无法支付的情况，就必须延迟库存和经费的支付，或者在本月底之前从金融机构借入不足的部分，否则就会出现"资金短缺导致破产"的情况。

表4-6 营运资金与现金存款的关系

应收债权	应付债务	
库存	营运资金	现金存款
		差额→不足金额

注：营运资金少于现金存款可能会造成资金短缺！

你在恶性循环吗

营运资金的管理十分重要。每月只做损益表检查营业额和利润是不够的，制订管理接下来几个月的资金周转计划表也很重要。资金周转计划表的内容参考第四章的第一节所述。

至于借款，关键时候可能只从银行贷款就可以，但是没有银行能今天申请贷款，明天就借给你。即使有抵押担保，银行也需要时间审查，如果在银行贷款范围内已经额满，之后企业再想借的话，必须要等到银行业绩好的月份，否则很难借到。资金周转不做计划是很难管理好的。无论什么事情，都是磨刀

第四章
用会计思维读财务报表

不误砍柴工。

最后我再说一个重要的事情。

刚创业的时候，许多公司觉得总之只要能卖出去就行，草草定下了销售对象和回收条件（例如什么时候结算，什么时候能回收现金等）。

至于采购，认为总之只要能与客户达成交易，能进到货就行，又匆匆定下了给供应商付款的条件（例如什么时候结算，什么时候现金付款等）。

因为创业初期，底气不足，比较弱势，所以条件大多都是对方说了算。然而，生意有起色后，大多企业也没有再修改这些条件。这是不行的！

营运资金与回收条件和付款条件密切相关，企业不要一味被对方牵着鼻子走，而是要争取有利于自身资金周转的方式。

也就是说，为了能够尽快收回成本，要尽力与对方交涉，尽可能晚地付款。这样一来，资金周转就会更轻松。

但是关于支付，因为有《外包支付延迟防止法》的规定，要注意不能超过法律规定的时限。

建议大家把所有的销售对象和供应商的条件列成一张一览表，开始逐一检查吧。只要看下一览表你就会惊讶地发现，各公司的条件各不相同。让我们先从统一这些条件开始吧！只要能统一这些，今后的工作就会变轻松。

虽然修改条件的交涉需要花时间，但我认为，只要我们提高销售能力、采购能力，就能与对方势均力敌，之后就可以转守为攻。祝你好运！

第五节
"因为忙所以增加人手"
是否正确

每个行业都有人手不足的烦恼。"这边业务很忙,所以多加派人手给我!"但如果只要人手不够就轻易加派,人工成本当然也会随之增加,这在会计处理上也有问题。到底如何理解才是正确答案呢?

课长:可是,人手不够啊!再给我两个销售人员吧!

老板:你这自言自语也有点太大声了吧。

课长:(就是说给你听的,被你发现了呢!)没有。可人手不足也是事实。能不能再加些人呢?

老板:如果有优秀的人才,我也想招进来,可是人工成本也会增加。

课长:顺便问一下,人工费在营业额中占多少比例算是合适的呢?

老板:嗯,要问我多少算合适,我也不太确定,还是借此机会问问老师吧。

第四章
用会计思维读财务报表

 建议:不要轻易增加人手

第一章第四节中讲过类似的问题。让我们复习一下要点。

- 从会计的角度考虑的话,员工必须赚到工资的4倍以上的钱。
- 从支付工资的一方来看,花费的人工成本是工资总额的2倍。

当然,根据公司的行业、业态、规模的不同,实际倍数也不尽相同。

因此,人工费和营业额的平衡,也就是人工费率(人工费在营业额中所占的比例)。那么在中小企业中实际是怎样的呢?我们做了调查(见表4-7)。

人工费率的计算结果,综合工业是14.9%,信息服务业是42.3%,餐饮行业是33.0%。信息服务业的比例是相当高的,但是无论哪个行业,人工成本在销售额中的占比都可以说是非常高的。这一比率之高,说明控制人力成本对经营至关重要。

作为参考,表中列出了"销售额是人工成本的多少倍"。但这是人工费比率的倒数,选择方便用的一个即可。

另外,员工的人均销售额也是一个重要的指标,所以也列出来了(见表4-8)。试着计算一下贵公司的人工费比率和员工人均销售额吧。

表 4-7　根据三个中小企业行业的平均值进行分析

单位：千日元

科目	算式	综合工业	信息服务业	餐饮业
营业额	①	306 427	181 521	80 023
营业成本中包含的劳务费	②	22 746	31 919	3 813
经营管理费中包含的人工费	③	22 772	44 830	22 556
人工费合计	④ = ② + ③	45 518	76 749	26 369
人工费比率	③ ÷ ①	14.90	42.30	33.00

表 4-8　参考一览表

参考	当年纯利润（千日元）	5436	5832	567
	平均员工数（人）	10.60	17.70	15.90
	员工人均销售额（千日元）	28 908	10 255	5033
	销售额是人工成本的倍数	6.70	2.40	3.00

注：数值来源《2015年调查基于中小企业实际状况基本调查的中小企业财务指标》，一般社团法人中小企业诊断协会编，同友馆。

人手不足时的对策

我认为，提问中所说的"因人手不足而增加人手"的观点非常危险。

如果确实不够，是应该增加人手的。但现在的工作方式是否合理，有没有浪费，要对现状进行调查分析后再做判断。我来列举几个检查要点。

- 在人手不足的状态下，是否明确客户服务质量的哪个部分下降了，下降了多少？讨论补充"缺少的人手"后，是否能有显著的提高？
- 重新评估操作方法，使现有人数也能高效运营业务，并讨论是否有改善的余地。
- 讨论有没有可以不依赖人工也能开展业务的新商业模式。
- 重新评估至今为止的业务，讨论有没有可以实现机器人化、自动化的地方，或者让客户可以自助的地方。
- 即使是只有行政岗位的职场，也要研究RPA①的方法。

请参考这些检查要点进行讨论并实施。

接下来要说的情况，与上面的设问完全相反。如果有经营者认为现在的职员人数正好合适，那也要引起注意。

那些工作人员会永远工作下去吗？

公司是否有适当的职业发展规划制度？

这些员工越是优秀，一旦对现行的工资水平和今后的晋升体系有怀疑，就越有可能随时跳槽。

努力让员工产生"我想继续留在这个公司工作"的想法，是经营者应该做的。招贤纳士后，不仅要在实际业务中进行职

---

① RPA是Robotic Process Automation的缩写，意思是利用软件将行政人员的定型业务自动化，所以就像是交给了真正的机器人一样。——编者注

业培训，还要充实讲座形式的教育研修制度等。完善人才培养制度也很重要。

如果人工费能弹性化就好了

最后，从会计思维的观点再讨论一下"人才"和"人工费"。

与人力资源相关的费用，如工资、补贴、奖金、法定福利费、福利保障费、离职金等人工费，是从聘用正式员工的那一刻起产生的。

也就是说，不管营业额涨不涨，这些钱都要花。也就是说，这是固定成本。

根据最繁忙时期的业务量来招人的话，只有忙碌的那一小段时间销售额和人工费能够很好地抵消并产出利润，但其他时候（利润率高的行业除外）企业会持续处于赤字状态。

因此，将人工成本弹性化，就成了损益结构上的理想状态。

怎么才能实现呢？只在销售额上升（繁忙）的时间段才多招聘、多配置人手。也就是说，招聘兼职或小时工。连锁的饮食店和服装店一直都在使用这种方式。

目前来看（今后乃至将来），任何行业都面临着人手不足、招聘难的问题，所以不会那么顺利。

即使人工费是固定的，但在未来，要有足够多的正式员工才能维持的行业可能会增加。

人才是创造营业额和利润的源泉，所以也称为"人财"。

虽然这可能或多或少会压缩利润空间，但我认为只要是能为公司带来销售额和利润的人才、人财，应该尽量定期聘为正式员工。

第六节
个人也需要"决算报表"

今后,将会需要个人版的决算报表书。可能有人会觉得,光是学习公司的财报就已经很辛苦了,还会要实行个人版……但是,如果每个人都有决算报表的话,销售额和干劲都会有所提升。这到底是个什么原理呢?在回答之前,先来听听这两个熟悉的人的对话吧!

课长:说起来,前几天老师教我看决算报表时,说今后每个人也要做决算报表。

老板:个人的决算报表啊,我也听老师说过一点。他还说如果个人把自己的成果记在决算报表上,员工的会计思维会有飞跃性的提高呢。

课长:既然那么好,不应该马上就开始吗?不过感觉重视以数字进行管理和评价的方式,员工们可能会抵触吧(我也觉得不太好)。

老板:不,没必要这么想,这种形式应该还有更积极的意义。

第四章
用会计思维读财务报表

 建议：有效提高工作积极性

老板和课长说的是"人均决算书"吧。

以前，我曾对老板说过："如果把公司财报上的数字全部替换成员工的人均数字，这个数值就会变得很熟悉，有助于提高员工的会计思维。"

那么，"将公司财报上的数字替换成员工的人均数字"，具体是怎么一回事呢？让我们先从它的意义说起。

以丰田汽车公司为例

原本"公司决算书上的数字"写的都是销售额十几亿日元、人工费几亿日元、交通费几千万日元等平时生活中不会接触到的巨大数字。就算看到，也不知道这些数是算多还是算少，是否增加了，等等。

因此，可以试着将决算报表——特别是资产负债表和损益表科目的金额除以公司的员工人数。这样一来，以亿为单位的数字将替换成以百万、十万日元为单位的数字。

比如，我们来看看丰田汽车公司的例子。

丰田汽车公司截至2019年3月财年的整体（集团公司整体合并报表）销售额、营业利润和净利润分别为30.2256兆[①]亿日元、2.4675兆亿日元和1.8828兆亿日元。这些数字除以集团

[①] 1兆=1万亿。——编者注

公司的员工总数（包括临时聘用）后，变成了销售额6599万日元，营业收入539万日元，净利润411万日元（见表4-9）。

试着计算一下这个数字是多还是少吧。

例如，年薪600万日元的人，营业额是其年薪的11.0倍，主营业务利润是其0.9倍，净利润是其0.68倍。可能有人会想："利润比自己年收入低，没关系吗？"

随着年轻人开始减少对汽车的依赖，社会开始从拥有向共享转变，我十分赞成该公司果断调整方向，从汽车制造商转向MaaS（Mobility as a Service，移动即服务，将汽车等出行方式作为只在需要才使用的服务）这一服务业。

顺便一说，现金存款的余额，平均是每人1026万日元。这与你自己的存款相比如何呢？

自己连平均值都赚不到吗

这个"人均决算报表"，像设问中所说的那样，作为评价制度使用也不是完全不可能。

但是，与此相比，把它作为一种工具，培养"把公司的经营当作自己的事情来看待""从经营者的角度思考问题"的习惯，才是更聪明的做法。

在真正意义上，要制作每个人的财务报表（确定自己赚的销售额，然后减去自己的工资、补贴等费用和均摊费用的损益表），除了工资、补贴以外的所有费用都需要均摊计算，并且必须详细地设定假设、推定和条件——这非常复杂，也

第四章 用会计思维读财务报表

表4-9 丰田汽车株式会社的主要经营指标

	科目	单位	2018年3月财年度 公司整体	2018年3月财年度 人均	2019年3月财年度 公司整体	2019年3月财年度 人均
合并	营业额	百万日元	29 379 510	64.70	30 225 681	66.00
	主营业务利润	百万日元	2 399 862	5.30	2 467 545	5.40
	净利润	百万日元	2 493 983	5.50	1 882 873	4.10
	净资产	百万日元	19 922 076	43.90	20 565 210	44.90
	总资产	百万日元	50 308 249	110.80	51 936 949	113.40
	净资产比率	%	39.60	—	39.60	—
	净资产净利润率	%	12.50	—	9.20	—
	销售活动现金流	百万日元	4 233 128	9.30	3 766 597	3.20
	投资活动现金流	百万日元	-3 660 092	-8.10	-2 697 241	-5.90
	财务活动现金流	百万日元	-449 135	-1.00	-540 839	-1.20
	现金及现金等价物年末余额	百万日元	3 219 639	7.10	3 706 515	8.10
	员工数	人	369 124	—	370 870	—
	平均临时聘用员工数	人	84 731	—	87 129	—
	合计员工数	人	453 855	—	457 999	—

173

续表

	科目	单位	2018年3月财年度 公司整体	2018年3月财年度 人均	2019年3月财年度 公司整体	2019年3月财年度 人均
单独（总部）	营业额	百万日元	12 201 443	142.20	12 634 439	147.50
	主营业务利润	百万日元	1 257 543	14.70	1 326 137	15.50
	净利润	百万日元	1 859 312	21.70	1 896 824	22.10
	员工数（含临时聘用）	人	85 795	—	85 637	—
	人工费合计	百万日元	713 769	8.30	729 244	8.50

注：2018年3月财年和2019年3月财年的人工费合计均为推算值。

不现实。

如丰田公司的例子，制定平均的"人均决算书"，能让大家去思考"自己连平均值都没赚到吗？继续努力吧""公司靠这么点销售额和利润能撑下去吗"，等等，从而能提高员工对数字的敏感度，提高对工作的热情，因此这种尝试就有意义。

如果能促进总经理、高管和普通职员之间的交流，那就更好不过了。

最后，我再多说几句。

无论是员工人数小于100人的中小企业，还是规模更大的企业，管理层的人都应该像丰田公司的案例一样，利用公司全体的决算书除以全体员工人数得出的"人均决算书"来讨论问题。但是如果有多个事业部或部门，也可以用各事业部的决算书除以各自的员工数来计算"人均决算报表"，再进行讨论，这样得出的数字更接近实际情况。请务必试一试。

第七节
及早进行月度结算的意义

一听到"月度结算",大部分人应该都是一头雾水吧。但对于管理层来说,这是非常重要的指标,如果没有它,公司的运营都很难维持。尽管如此,月度结算效率低下一直都是个问题。而且,造成这个问题的好像正是我们……到底是怎么回事呢?

老板:会计课长,最近我们公司的月度结算有点慢,我们应该再早一点开始结算。

会计课长:实在没法更早了。因为还有其他优先级更高的工作,所以不知不觉就会排在后面处理。

老板:你的心情我理解,但就像在一个陌生的城市里如果没有地图,就只能瞎转一样。对公司来说,月度结算是非常重要的。

会计课长:话是这么说,但我们在实际工作中是体会不到的……

老板:那么,老师会怎么说呢?

第四章
用会计思维读财务报表

> 📋 **建议：决算报表一旦延误，一切都会陷入被动**

决算报表本质上就是公司经营的成绩单，甚至可以说是老板向各方利益相关者交出的成绩单。

这是评估业绩相较上年度是否有所提高、与一年前相比财务状态是否稳定等的重要资料。

月度结算报表也是一样的。一年制作12次的月度决算报表，就像对话中老板说的那样，可以作为决定公司要往哪走、如何走的地图。

如果走着走着，不知道自己现在身处何方，一定会感到不安。手机上的地图应用可以显示你现在的位置，但如果不能即时显示，而是"10天后显示"或者"预计2周后显示"，那就完全没有意义了。

如果月度结算报表只能在次月15天或20天后完成，那就是废纸一张了。

会计负责人收集不到信息

月度结算报表如果能在当月末开始结算，在次月第5天或第6天完成，就可以分析上月的业绩，判断当月应该采取什么措施，并付诸实施。20天后即使做好了也已经迟了。

那么，为什么月度结算报表会晚呢？去问经营者，他会说："我们只有一个会计负责人……能力也不是特别强。"

但这是真正的原因吗？就我的经验而言，我可以断定这不是会计负责人的错。

那么，真正的原因是什么呢？

那是因为一线人员提交的资料和信息比较迟。比如下面这样：

- 营业负责人向客户发送当月末结算的账单，一般要在次月5号之后。而材料的采购负责人将从制造商那里收到的请款单交给会计是次月6号之后。会计收到后开始做统计工作。
- 外包工程在月内完成的，给客户的账单是在当月月末之前发出的，但外包负责人与外包方确定承包金额却很晚，外包方要在次月10号左右才会送来账单。
- 加班费是在每个月末结算，所以工资负责人计算好后再报告给会计，通常要等到5号之后。
- 库存的盘点是在每月月末进行的，账面数量和实际数量总是对不上。调整差异后，会计收到这个数字要等到次月10号以后。

诸如此类还有很多，就先举这几个例子吧。这样一来，无论会计再怎么努力，每月的决算也无法提前完成。

如果让老板担任项目负责人

这样一来，情况就完全不一样了。我在好几家公司都建立了次月5日之前完成月度决算报表的"月度结算提早化"项

目,并让老板担任项目负责人。由此实现了以下改善:

- 为了让营业负责人在月底之前给出账单,重新调整了营业流程。
- 为了使材料采购负责人能够在收货时登记入账,修改了订货、验收的流程和采购系统。
- 为使外包负责人在发包工程前就能确定承包金额,将预算计算和发包方法标准化,这谁都能做到。
- 重新制定了加班费的计算流程,并将结算日改为25日,月底之前与会计联系(只有年度决算的末月是最后一天结算)。

如果让老板当项目负责人,现场也会跟着认真起来,马上做出行动。因此,不仅月度结算报表的制作提前了,各现场的业务也得到了改善,有的公司甚至收益都大幅提升了。

一般来说,"工作速度的快慢"与实际工作能力的高低成正比。

如果某公司的上司评价说:"F君和B君的工作总是又快又准……"那么F君和B君的业绩评定应该就是最高等级。

可以说月度结算的提早化也是一样的。

也就是说,一家公司的月度结算完成得越早,整个公司的业务能力就越强。公司还可以通过充分的预算管理,在月度结算(实际业绩)公布的时候,分析预算和实际业绩的差异,并根据分析结果马上制定优化措施。这样就会产生一个良好的PDCA循环。

第八节
创新离不开会计思维

如果不能保持长久的创新和灵活的变化，无论公司还是个人都很难在商业实战中立足。因此，这里就轮到会计思维出场了。本书的最后，我将介绍会计思维如何推动业务实践中的创新！

老板：销售课长，去年总算扭亏为盈了，但每年都是年末勉强收官，感觉没什么成长呢。

销售课长：这在现场也能感受到。感觉最后只剩了疲劳。

老板：从员工们那里收集些可以破局的提议吧！

销售课长：能有吗……我看悬。就连老师也没什么好办法吧？

老师：谁说的！不要小看了会计思维。掌握了会计思维，就会催生出突破常识的想法。

老板：老师，快教教我！

 建议：每个人都可以创新

达尔文曾提出进化论，主张"不是强者生存，而是适者生存"。

无独有偶，古今中外成功的经营者们都说："公司必须适应环境的变化，只有不断自我变革，才能幸存。"

那么，公司要想改变，需要什么呢？

我认为，需要的是创新。

创新来自一线

创新往往来自研发、尖端技术和信息与通信技术，但公司业务中的任何工作流程和管理过程都也能产生创新。

为此，持续努力创造新的商品和服务，以及不断优化现有的商品和服务，显得尤为重要。就像在自动检票口已经普及的今天，想想以前站务员需要整天站在车站检票口检票，那种场景甚至有些不真实。这就是创新。

还有联合客户一起进行的盈亏结构和现金流结构的创新，还有营销方法和物流配送方式的创新。

甚至有可能放弃至今为止的所有业务，去挑战完全不同的领域。例如，有的米店成功转型为面包店，还有在同一店铺放弃荞麦店业务改做意大利餐厅的成功案例。

这都是最近发生在身边的例子，也都是创新的案例。

在与其他公司的合作中，开放式创新成了常见的方法。我认为这是大企业认识到，如果自己继续依靠自给自足的模式，将无法实现进一步发展，于是在这种焦虑中产生了新的思维方式。如今，大企业和初创公司联手共同开发的案例已经屡见不鲜。

此外，创新不仅仅发生于管理层，而是发生于各层组织的各个现场。然而，在有些案例中，是层级的存在阻碍了创新。可以说上下级关系较简单的扁平型组织更适合创新。

下面，我来介绍一些创新的案例。

- 在制造业中，为了只做畅销的商品而完全使用人工智能（AI）预测需求，策划和制造商品。
- 在不降低顾客服务质量的前提下，进行的"无人化"和"少人化"服务。

例如，如果零售业和饮食店的收银业务如果能够实现少人化和无人化，就可以节省很大一笔成本。同样地，在零售业，只要给商品装上RFID[①]，就可以利用它来实现自助收银，这也有助于减少实地盘点库存所需的时间。这些都有助于降低人力成本。

- 在便利店行业，像美国的亚马逊公司一样，利用摄像头和人工智能的少人型或者无人型便利店也出现了。据报道，这样的店铺在中国也会增加。这样就几乎不花费人工成本了。
- 不通过银行的汇款、不使用现金的无现金支付、无发行主体的虚拟货币（最近被改叫"加密资产"）等逐渐进入我们的生活。

---

① RFID 一般指射频识别技术（俗称扫描枪识别），是 Radio Frequency Identification 的缩写。——编者注

如果使用人工智能、数字货币以及区块链技术，以前依靠人工办理的融资业务和管理业务可以实现自动化，从而降低人工成本。

- 投保方式也会发生变化。"这个月汽车引擎只发动了1分钟，车险只需0.08日元"的服务将成为现实。

纸币这种物理性的金钱，无法支付小于1日元的金额，但换成是通过电子数据进行交易的数字货币就可以轻而易举做到。在不久的将来，你可以只在需要的时候购买你需要的东西。这正是会计思维。

- 小松集团的"康查士"系统将建筑机械变成了装有全球卫星定位系统（GPS）功能和各种传感器的物联网终端。不仅提高了建筑机械的利用率和维护管理的精准度，还能通过收集的信息，实时掌握各个市场的行情动向。

最近，它们开展了一个叫作"智能建筑"的解决方案业务。该业务将降低现场作业人员的人工成本，提高施工效率（提高营收能力）。

上面这些案例只是九牛一毛，还有更多的变革正发生在各种各样的现场。

大型农场的无人驾驶拖拉机、使用机器人的远程医疗、立体式无人自动仓库、汽车的自动驾驶、土木工程现场的无人化，等等。这类案例不胜枚举。

这些创新也都与会计思维有千丝万缕的联系。

用会计思维推动 PDCA 循环

没有强烈的意愿是无法实现创新的。

这时，会计思维就能成为其强烈意愿的后盾，或是判断标准。换句话说，我甚至认为，没有会计思维就无法创新。

那么，该如何将会计思维运用到创新中呢？

我们可以向全公司公布，将在下一年度的预算中预留"销售额的 5%"的费用，用于利用研发、设计、技术、IT 或者人工智能的力量进行创新的项目。

由员工发起的创新可以是这样的。

比如，制定一个目标，将部门、课规定的费用（预算金额）每年削减 10%，并将削减的部分用于创新，然后向部门和课的成员征集创意，确立目标，大家的干劲也会因此提高吧。我认为让人感到兴奋很重要。

此外，通过创新，我们还可以预估"打算开拓什么样的新市场""打算创造多少销售额""将在多大程度上削减目前的人工成本"。

如果是一个无法预估的项目，那其结果大概也就不能称为创新。

在项目实施过程中，要制订详细的计划，执行后评估结果，并进行反思和改良，然后再次执行。在评估和改进时，运用会计思维，特别是使用数字清晰的 KPI 指标[①]，将对进度管

---

① 关键绩效指标，英文全称为 Key Performance Indicator。——编者注

理和结果评估都有很大帮助。

只有像这样脚踏实地重复再重复,才能实现创新所必需的积累与突破。

为了数年后(不,也许明年或下个月就可以)为行业带来变革,请一定不要放弃尝试。祝你好运!

后　记
抛弃非会计思维，走向会计思维

感谢你阅读到最后。

你是否已经理解，在商业实践中，会计思维是多么重要，对于取得工作成果是多么有效。

本书总结了我至今为止在企业现场反复传达的内容。

我曾不断告诉一线人员："多用会计思维来工作吧！"这使他们的思维发生了变化，并催生了很多成功案例。

比如，以前有个公司，业务计划只有"营业额"一项，这完全是"非会计思维"。但当它们开始按时完成月度结算后，利润翻了十倍。

在本书中也有论述为什么会发生这样的转变。为了能让会计部尽早制作月度结算报表，其他部门的配合也是不可或缺的。

整个公司都参与进来，重新审视了制作结算报表的所有过程，最终员工对数字的敏感度有了明显的提高，并取得了相应的成果。

会计思维，让现场和公司更强大

在我看来，既然简单改变就能取得成果，那就不要再找借口，只要去做就好了。但是，我也感到大家对"会计"、对

"数字"的抵触也是根深蒂固的。

如果你原本就在和会计没有关联的部门，就不会特意去学习会计和复式记账法。那些罗列枯燥数字的账目，你也一定会感到无聊吧。如果可以，你甚至希望这辈子都不用和会计打交道。这种想法也没什么奇怪的。

但与此同时，最近有越来越多的人意识到，不理解会计知识的话，迟早会有麻烦。现实就是这样，在追求快速、高效做出成果的当下，对数字的敏感度和会计思维被定位为必备的教养，而过去的非会计思维，已经无法适应现代社会的需求。

在日常工作中运用会计思维，会提高你演讲的说服力和达成目标的动力。一线员工运用会计思维提高业绩，整个组织也会变得更强大。

我殷切地希望众多在一线工作的朋友，一定要养成运用会计思维的习惯。

最后，希望你能将阅读本书的感想、实践会计思维的成果等，发送到我的电子邮箱里（takay @ blue.plala.or.jp）。祝大家事业有成。

安本隆晴